中等职业教育“十四五”规划教材
职业教育课程改革规划创新教材

会计基础习题集

主　编　张惠琴　卓茂荣
副主编　唐　芳

中国石化出版社
HTTP://WWW.SINOPEC-PRESS.COM
中国经济出版社
CHINA ECONOMIC PUBLISHING HOUSE

内 容 提 要

《会计基础习题集》为教材《会计基础》的配套习题集，涵盖会计分录的编写、审核会计凭证的填制、账簿的登记以及科目汇总表、试算平衡表财务会计报表的编制等题型。

本书可作为职业学校财经类专业的基础课教材，也可作为其他专业的选修课教材及相关行业岗位培训或自学用书。

图书在版编目(CIP)数据

会计基础习题集／张惠琴，卓茂荣主编，—北京：中国石化出版社，2020.1(2024.6 重印)
ISBN 978-7-5114-5642-7

Ⅰ.①会… Ⅱ.①张…②卓… Ⅲ.①会计学-习题集Ⅳ.①F230-44

中国版本图书馆 CIP 数据核字(2020)第 002028 号

中国石化出版社出版发行
地址:北京市东城区安定门外大街 58 号
邮编:100011 电话:(010)57512500
发行部电话:(010)57512575
http://www.sinopec-press.com
E-mail:press@sinopec.com
北京艾普海德印刷有限公司印刷
全国各地新华书店经销
*
787×1092 毫米 16 开本 12.5 印张 280 千字
2020 年 3 月第 1 版　2024 年 6 月第 6 次印刷
定价：36.00 元

前　言

《会计基础习题集》是与《会计基础》教材相配套的一本练习册，学生通过练习，能够巩固课堂所学，提高理论水平和业务能力，将知识内化为职业素养。

本习题集具有三大亮点。

一、与教材完全配套

本习题集从项目一到项目九是按照《会计基础》教材的每一个子项目配套编写的，学生可以按教材的进度进行练习，针对性强。

二、内容精准，形式多样

本习题集以《企业会计准则》为指导，紧紧围绕教材的内容编写理论题，坚持不出偏题和怪题，理论题以单项选择题、多项选择题、判断题等三种题型呈现；业务题来自企业会计实践，题型涵盖了会计分录的编写、审核会计凭证的填制、登记账簿(包括登记T形账、平行登记等内容)以及科目汇总表、试算平衡表、财务会计报表的编制等题型。

三、充分满足《会计基础》的实训需求

本习题集提供了大量的原始凭证、记账凭证、账簿和报表，能够充分满足《会计基础》的实训需求。项目九还以单据的形式提供了一家小企业某月的会计业务以及大量空白表单，供学生进行综合实训。

本习题集由张惠琴编写理论题，卓茂荣编写业务题，在编写的过程中得到了福建省晋江职业中专学校会计专业建设指导委员会、晋江市教育局、福建百宏聚纤科技实业有限公司的大力支持，在此表示感谢。

编　者

目　录

项目一　会计基础总论 …… 1

项目二　设置账户 …… 4

项目三　复式记账 …… 7

项目四　主要经济业务的账务处理 …… 10

子项目 1　资金筹集业务 …… 10

子项目 2　固定资产业务 …… 12

子项目 3　材料采购业务 …… 13

子项目 4　生产业务 …… 15

子项目 5　销售业务 …… 19

子项目 6　期间费用业务 …… 22

子项目 7　利润形成业务 …… 25

子项目 8　利润分配业务 …… 28

项目五　会计凭证 …… 30

子项目 1　原始凭证(单据) …… 30

子项目 2　记账凭证 …… 36

子项目 3　会计凭证的传递、装订和保管 …… 40

项目六　会计账簿 …… 42

子项目 1　账簿概述 …… 42

子项目 2　登记日记账 …… 44

子项目 3　登记分类账簿 …… 47
子项目 4　试算平衡 …… 56
子项目 5　错账更正 …… 59
子项目 6　对账和结账 …… 62
项目七　财产清查 …… 64
子项目 1　财产物资的盘存制度 …… 64
子项目 2　财产清查方法 …… 66
子项目 3　财产清查结果的账务处理 …… 70
项目八　财务会计报告 …… 73
子项目 1　财务会计报告概述 …… 73
子项目 2　资产负债表的编制 …… 75
子项目 3　利润表的编制 …… 78
项目九　会计核算程序 …… 81
项目十　会计信息质量要求 …… 123
项目十一　综合测试题 …… 128
参考答案 …… 135

项目一 会计基础总论

【理论题】

一、单项选择题

1. (　　)产生了农业记账员，这时的会计职能已与生产职能相分离，成为独立的职能。

A. 古埃及　　B. 古希腊　　C. 古印度　　D. 古巴比伦

2. (　　)产生了核算官方财赋收支的官职“司会”，最早出现了“会计”一词。

A. 西周　　B. 东周　　C. 西汉　　D. 宋代

3. (　　)出现了“计簿”或“簿书”的账册，专门用于会计核算。

A. 西周　　B. 东周　　C. 西汉　　D. 宋代

4. 宋代“四柱清册”公式“旧管+新收-开除=实在”相于下列(　　)公式。

A. 资产=负债+所有者权益　　B. 期初余额+本期增加-本期减少=期末余额

C. 收入-费用=利润　　D. 总账期末余额=所属明细账期末余额之和

5. 龙门账中的“进缴表”相当于现在的(　　)。

A. 资产负债表　　B. 利润表　　C. 试算平衡表　　D. 现金流量表

6. 意大利数学家、会计学家卢卡·巴其阿勒第一次系统论述了(　　)。

A. 单式记账法　　B. 借贷记账法　　C. 增减记账法　　D. 收付记账法

7. 企业建厂房，购买生产设备，这时资金就从货币资金变成(　　)。

A 储备资金　　B. 固定资金　　C. 生产资金　　D. 成品资金

8. 会计核算的起点是(　　)。

A. 设置账户　　B. 复式记账

C. 编制会计分录　　D. 填制和审核会计凭证

9. (　　)是会计核算的中心环节。

A. 设置账户　　B. 复式记账

C. 填制的审核会计凭证　　D. 登记账簿

10. (　　)是指在算账的基础上，对会计主体的财务状况、经营成果和现金流量的情况，以会计报表的形式进行报告。

A. 记账　　B. 算账　　C. 报账　　D. 监督

11. 资金循环正确的顺序是(　　)。
A. 货币资金→生产资金→储备资金→成品资金→货币资金
B. 货币资金→生产资金→成品资金→储备资金→货币资金
C. 货币资金→储备资金→生产资金→成品资金→货币资金
D. 储备资金→生产资金→成品资金→货币资金→储备资金
12. 会计循环由确认、计量、记录、报告等环节构成，其中，确认环节(　　)。
A. 解决定性问题　　B. 解决定量问题
C. 形成确认计量过程　　D. 形成确认计量结果

二、多项选择题

1. 会计先后经历了(　　)三个发展阶段。
A. 古代会计　　B. 近代会计　　C. 现代会计　　D. 未来会计
2. 会计的定义概括为(　　)。
A. 会计的本质是为企业创造更多的利润
B. 会计的基本职能是核算与监督
C. 会计的基本职能是预测、分析、参与决策
D. 会计的本质是一种管理活动
3. 事后核算的主要形式有(　　)。
A. 记账、算账　　B. 报账　　C. 分析　　D. 考核
4. 事前核算的主要形式有(　　)。
A. 预测　　B. 计划　　C. 算账　　D. 参与决策
5. 会计的计量形式包括(　　)。
A. 实物量度　　B. 劳动量度　　C. 货币量度　　D. 综合量度
6. 会计的特点包括(　　)。
A. 以货币为主的计量形式
B. 具有连续性、系统性、全面性和综合性的特点
C. 以合法的原始凭证为依据
D. 会计具有科学完整的方法体系
7. 会计方法又分为(　　)。
A. 会计核算方法　　B. 会计分析方法
C. 会计监督方法　　D. 会计检查方法
8. 龙门账中的会计要素“该”相当于今天的(　　)。
A. 资产　　B. 负债　　C. 所有者权益　　D. 费用
9. 资金的四种形态是(　　)。
A. 货币资金　　B. 储备资金　　C. 生产资金　　D. 成品资金
10. (　　)是现代会计的开端。
A. 成本会计的出现和不断完善　　B. 管理会计的形成
C. 管理会计与财务会计相分离　　D. 信息技术在会计核算中的运用

三、判断题

1. 西周的会计核算方法是“月计岁会”，即零星算之为会，总合算之为计。（ ）
2. 从单式记账过渡到复式记账是近代会计形成的标志。（ ）
3. 会计核算中，事中核算是会计的基础工作。（ ）
4. 事中核算的主要形式是控制，使会计主体的经济活动符合计划或者预期目标。（ ）
5. 会计核算是会计监督的基础和依据，会计监督是会计核算的延续和深化。（ ）
6. 经济业务是指能用货币表现的经济活动，也称会计事项。（ ）
7. 会计循环由确认、计量、记录、报告等环节构成。（ ）
8. 登记账簿既是会计的基本工作，也是会计核算的专门方法之一。（ ）
9. 凡是会计主体能以货币表现的经济活动都是会计核算和监督的对象。（ ）
10. 会计的主要特点是以合法的凭证为依据。（ ）

【业务题】

1. 某企业总经理因公出差，发生交通费用 1 200 元，住宿费用 720 元，按规定，每日伙食补贴 120 元，该经理出差 3 天，个人实际支付的伙食费用 400 元，则回到企业后，可以报销的费用总计为(　　)元。

2. 投资人向企业投入资金 100 万元，存入银行。

企业的存款(　　)了 100 万元，企业的(　　)也增加了 100 万元。

3. 企业从银行借入款项 100 万元，所借款项已存入企业银行账户。

企业(　　)增加了 100 万元，企业的债务也(　　)100 万元。

4. 企业向甲公司购入一批材料，价值 50 万元，款项还没支付。

企业的材料增加了 50 万元，企业的债务(　　)了 50 万元。

5. 企业用银行存款归还所欠银行款项 100 万元。

企业的存款(　　)了 100 万元，企业的债务也(　　)100 万元。

6. 生产结束，完工产品入库，成本价 80 万元。

企业的库存商品(　　)80 万元，企业的在产品(　　)了 80 万元。

7. 企业销售商品，收到货款 30 万元，存入银行。

企业的(　　)增加了 30 万元，企业的销售收入(　　)了 30 万元。

8. 企业用存款支付广告费用 12 万元。

企业的(　　)减少了 12 万元，企业的销售费用(　　)12 万元。

项目二 设置账户

【理论题】

一、单项选择题

1. 资产按(　　)可以分为流动资产和非流动资产。

A. 内容　　B. 流动性　　C. 可靠性　　D. 时间

2. 下列(　　)属于流动资产。

A. 其他货币资金　　B. 预收账款　　C. 固定资产　　D. 无形资产

3. 负债是企业(　　)的交易或事项形成的，预期会导致经济利益流出企业的现时义务。

A. 现在　　B. 过去　　C. 未来　　D. 时点

4. 负债按(　　)可分为流动负债和非流动负债。

A. 变现能力　　B. 还款者的身份　　C. 债务的内容　　D. 偿还期的长短

5. 所有者权益是企业全部资产扣除全部负债后由所有者享有的(　　)。

A. 资产　　B. 负债　　C. 净资产　　D. 净利润

6. 下列项目中，属于负债的是(　　)。

A. 累计折旧　　B. 预付账款　　C. 主营业务收入　　D. 应交税费

7. 甲企业下月将从乙企业购买 10 万元材料，已下 4 万元定金，则本月(　　)。

A. 甲企业应确认 10 万元的材料资产　　B. 甲企业应确认 4 万元的材料资产

C. 乙企业应确认 10 万元的销售收入　　D. 乙企业应确认 4 万元的负债

8. (　　)是根据会计科目开设的，具有一定格式和结构，用于分类反映会计要素增减变动情况及其结果的一种载体。

A. 会计分录　　B. 试算平衡　　C. 账户　　D. 会计报表

9. 下列不属于经营活动形成的负债是(　　)。

A. 短期借款　　B. 应付账款　　C. 应交税费　　D. 应付职工薪酬

10. 期间费用不包括(　　)。

A. 制造费用　　B. 管理费用　　C. 销售费用　　D. 财务费用

11. 应当计入当期损益的利得，应在(　　)账户中核算。
A. 实收资本　B. 资本公积　C. 营业外收入　D. 投资收益
12. 应在“其他业务收入”账户核算的是(　　)。
A. 销售商品收入　B. 提供劳务收入　C. 销售材料收入　D. 预收客户购货款

二、多项选择题

1. 下列属于损益表的会计要素的是(　　)。
A. 负债　B. 费用　C. 收入　D. 利润
2. 下列关于会计要素的表述中，正确的是(　　)。
A. 对会计对象所进行的基本分类　B. 会计核算对象的具体化
C. 会计报表的基本要素　D. 设置会计账户的依据
3. 下列选项中，(　　)属于非流动资产。
A. 其他货币资金　B. 预付账款　C. 固定资产　D. 无形资产
4. 下列选项中，(　　)属于无形资产。
A. 专利权　B. 非专利技术　C. 商标　D. 商标权
5. 下列选项中，(　　)属于非流动负债。
A. 长期借款　B. 长期应付款　C. 应付债券　D. 长期应收款
6. 下列选项中，(　　)属于固定资产。
A. 库存商品　B. 房屋和建筑物　C. 机器设备　D. 运输设备
7. 收入具有的特征为(　　)。
A. 收入是企业在日常活动中形成的　B. 收入会导致所有者权益增加
C. 收入与投资人投入资本无关　D. 收入与投资人投入的资本有关
8. 会计科目要素的设置和使用要遵循的原则有(　　)。
A. 合法性原则　B. 相关性原则　C. 合理性原则　D. 实用性原则
9. 会计科目按所属的会计要素进行分类，也就是按经济内容进行分类，可分成(　　)。
A. 资产类、负债类、所有者权益类　B. 收入类、费用类、利润类
C. 共同类、成本类、损益类　D. 总分类账科目和明细分类账科目
10. 下列表述中，正确的有(　　)。
A. 会计对象是对资金运动的第一次划分
B. 会计要素是对资金运动的第二次划分
C. 会计科目是对资金运动的第三次划分
D. 明细科目是对资金运动的第四次划分

三、判断题

1. 资产具有直接或间接导致现金和现金等价物持续流入企业的潜力。(　　)
2. 留存收益包括盈余公积、资本公积和未分配利润。(　　)
3. 资本公积不能体现所有者的占有比例，但可以作为所有者参与经营决策的主要依据。(　　)

4. 盈余资本是指从利润总额中提取，留存于企业内部，具有特定用途的收益积累。（　　）
5. 流动性是指资产变为现金或被耗用的难易程度，变现快的资产则流动性强。（　　）
6. 账户按其所提供信息的详细程度可分为总分类账户和明细分类账户。（　　）
7. 会计科目只是名称，会计账户既有名称又有结构。（　　）
8. 利润是指收入减去费用后的盈余数额以及直接计入当期损益的利得。（　　）
9. 存货包括原材料、库存商品、固定资产、低值易耗品、包装物、在产品等。（　　）
10. 设置账户是建账的前提条件，设置账户有整体设置和零星设置两种。（　　）

【业务题】

1. 下列会计科目中，哪些是流动资产？哪些是非流动资产？

会计科目	类别	会计科目	类别	会计科目	类别
应收账款		预付账款		无形资产	
待处理财产损溢		长期股权投资		累计摊销	
固定资产		累计折旧		原材料	
银行存款		其他应收款		应收票据	
库存商品		周转材料		库存现金	

2. 下列会计科目中，哪些是流动负债？哪些是非流动负债？哪些是所有者权益？

会计科目	类别	会计科目	类别	会计科目	类别
预收账款		应付账款		短期借款	
长期借款		应付职工薪酬		长期应付款	
资本公积		盈余公积		其他应付款	
应付票据		应付债券		实收资本	
应交税费		应付股利		应付利息	

3. 判断“借增贷减”或“借减贷增”。

会计科目	性质	会计科目	性质	会计科目	性质
应收账款	借增贷减	预付账款		无形资产	
待处理财产损溢		长期股权投资		累计摊销	
固定资产		累计折旧	借减贷增	原材料	
预收账款		应付账款		应交税费	
长期借款		周转材料		库存现金	
库存商品		资本公积		短期借款	
应付票据		应付职工薪酬		实收资本	
银行存款		其他应收款		应收票据	
盈余公积		其他应付款		应付利息	

项目三
复式记账

【理论题】

一、单项选择题

1.(　　)是静态等式，也被称为会计恒等式。

A. 收入-费用=利润　　B. 资产=负债+所有者权益

C. 资产=负债+所有者权益+利润　　D. 资产=负债+所有者权益+收入-费用

2. 复式记账法就是对发生的每一项经济业务，都要以相等的金额在(　　)的账户中进行登记的记账方法。

A. 两个以上相互联系　　B. 两个或两个以上相互联系

C. 两个以上互不联系　　D. 两个相互联系

3. 使会计等式相等且总额不变的经济业务有(　　)。

A. 从银行贷款 100 万元，已经到账　　B. 从银行提取现金 3 000 元

C. 投资人投入企业一条生产线　　D. 购入一批材料，款项暂欠

4. 我国《企业会计准则》明确规定：企业会计核算必须采用(　　)。

A. 借贷记账法　　B. 收付记账法　　C. 增减记账法　　D. 单式记账法

5. 借贷记账法下的记账规则是(　　)。

A. 有借必有贷，借贷必相等　　B. 资产=负债+所有者权益

C. 收入-费用=利润　　D. 借方记增加贷方记减少

6.(　　)属于简单的会计分录。

A. 一借多贷　　B. 一贷多借　　C. 一借一贷　　D. 多借多贷

7.(　　)有利于集中反映某项经济业务的全貌，简化登账工作，提高工作效率。

A. 简单分录　　B. 复合分录　　C. 复杂分录　　D. 会计分录

8. 每项经济业务都必须记入两个或两个以上相关账户，这样账户之间就形成了一定的关联和依存，这种关联和依存体现出来的关系就叫(　　)。

A. 平行关系　　B. 平等关系　　C. 依附关系　　D. 对应关系

二、多项选择题

1. 会计等式是反映会计要素之间数量关系的表达式，是(　　)的理论基础。
A. 复式记账　　B. 试算平衡　　C. 平行登记　　D. 编制会计报表
2. 一项资产增加，可能导致(　　)。
A. 另一项资产减少　　B. 一项负债增加
C. 一项所有者权益增加　　D. 一项费用减少
3. 虽然会计等式相等，但等式的总金额却发生了变化的企业活动是(　　)。
A. 生产甲产品领用乙材料　　B. 从国外引进一台设备，款项尚未支付
C. 用银行存款归还所欠货款　　D. 支付工人工资
4. 复式记账法按(　　)不同，可以分为借贷记账法、收付记账法和增减记账法。
A. 记账规则　　B. 记账符号　　C. 试算平衡　　D. 记账技术
5. 借贷记账法下，哪方记增加，哪方记减少，取决于(　　)。
A. 企业的性质　　B. 账户的性质
C. 账户的结构　　D. 会计人员的意愿
6. 共同类科目余额在(　　)。
A. 借方为资产类科目　　B. 贷方为负债类科目
C. 贷方为所有者权益类科目　　D. 借方为成本类科目
7. (　　)的期末余额=期初余额+本期借方发生额-本期贷方发生额。
A. 资产类　　B. 负债类　　C. 成本类　　D. 损益类
8. 会计分录正确的书写格式是(　　)。
A. 先借后贷，借字和贷字后面加冒号
B. 先贷后借，贷字和借字后面加冒号
C. 上借下贷，左右错开，贷方的文字和数字比借方后退两格
D. 在复合会计分录中，借方或贷方的文字及金额要各自对齐

三、判断题

1. 无论发生怎样的交易或者事项，都不会破坏会计等式的平衡关系。(　　)
2. 无论发生怎样的交易或者事项，都能确保等式相等而且总额不变。(　　)
3. 复式记账法能够全面反映经济业务和资金运动的来龙去脉。(　　)
4. 资产类科目余额一定在借方，负债类科目余额一定在贷方。(　　)
5. 损益类科目贷方登记增加，借方登记减少，期末无余额。(　　)
6. 一个复合分录可以拆分成两个或多个简单分录。(　　)
7. 实际工作中，会计分录是通过填制记账凭证来完成的。(　　)
8. 对于复杂的单项经济业务可以编制多借多贷的复合分录，但不得将几项经济业务合并编制多借多贷的复合分录。(　　)

【业务题】

某公司2020年1月初，资产总额100万元，负债总额40万元，所有者权益总额60万元。

1. 1月份发生下列业务，请编制会计分录。

(1)将现金5 000元存入银行。

(2)购买A材料，价款10 000元，增值税1 300元，材料已经验收入库，款项转账付讫。

(3)用银行存款50 000元归还向银行借入的短期借款。

(4)购买B材料，价款20 000元，增值税2 600元，材料已经验收入库，款项暂欠。

(5)接受某投资人投入的生产线一条，价值100 000元(旧设备不考虑增值税)。

2. 发生以上五笔业务后，请计算企业的资产总额、负债总额和所有者权益总额。

项目四
主要经济业务的账务处理

子项目1　资金筹集业务

【理论题】

一、单项选择题

1.“实收资本”账户期末余额(　　)。

A. 肯定在借方　　B. 肯定在贷方

C. 经常为零　　D. 可能在借方

2.“应交税费”账户贷方登记企业(　　)。

A. 购进存货，设备产生的增值税进项税额

B. 实际缴交当期增值税

C. 转出当月未交的增值税

D. 销售商品，向购货方收取的增值税

3. 不在“财务费用”账户核算的是(　　)。

A. 企业日常经营过程中发生的金融手续费

B. 企业银行存款利息

C. 企业汇兑损益

D. 企业会计人员的工资、福利费

二、多项选择题

1. 企业的投资者可以是(　　)。

A. 国家　　B. 法人单位　　C. 个人　　D. 外商

2. 资本公积金是用来核算(　　)。

A. 投资人超出其在注册资本所占份额的资金投入

B. 直接计入当期损益的利得和损失

C. 直接计入所有者权益的利得和损失

D. 资本公积金应按投资者设置明细账，进行明细核算。

3. 下列账户中，期末一般有余额，并且余额在贷方的是(　　)账户。

A. “短期借款”　　B. “实收资本”

C. “财务费用”　　D. “银行存款”

三、判断题

1. 企业的实收资本与注册资本最终应当一致，实收资本可以供企业长期使用，一般无须偿还。(　　)

2. 投资方式主要有货币资金、存货、固定资产、无形资产等。无论采用哪种投资方式，都要以合同或协议的约定为依据。(　　)

3. 企业经营资金的来源主要有两个：一个是权益资本，一个是债务资本。(　　)

4. 企业所有者与债务人都可以参与企业的经营管理。(　　)

【业务题】

1. 2020 年 3 月 1 日，新美公司收到新晨投资股份有限公司投入的人民币 200 000 元。

按合同规定，新晨投资股份有限公司拥有新美公司 200 000 元的资本份额。本项交易的会计分录编制如下：

2. 2020 年 3 月 2 日，投资者乙投给新美公司一项专利技术，评估价 120 000 元。经协商，可持有新美公司 100 000 元的股份。本项交易的会计分录编制如下：

3. 2020 年 3 月 30 日，新美公司从工商银行借入为期 1 年，年利率为 6%的款项300 000 元，有关款项已存入公司账户。本项交易的会计分录编制如下：

4. 2020 年 4 月 30 日，提取本月应付短期借款利息(按月预提，按季支付)。本项事项的会计分录编制如下：

5. 2020 年 6 月 30 日，支付本季短期借款利息，其中 4、5 月的利息已提，6 月未提。

子项目 2　固定资产业务

【理论题】

一、单项选择题

1. “固定资产”是资产类账户，用来核算企业固定资产的(　　)。

A. 原始价值　　B. 公允价值　　C. 重置成本　　D. 可变现净值

2. 某企业购买一条智能生产线，增值税专用发票注明：买价 20 万，增值税 2.6 万元，另发生运费 1 万元，增值税 900 元，安装费 1900 元，则该项固定资产的原始价值是(　　)。

A. 200 000　　B. 211 900　　C. 238 800　　D. 201 900

3. 固定资产净值=(　　)。

A. 原值　　B. 原值+折旧　　C. 原值-折旧　　D. 重置价值

二、多项选择题

1. 固定资产是为(　　)而持有的，使用寿命超过一个会计年度的有形资产。

A. 生产商品　　B. 提供劳务　　C. 出售　　D. 经营管理或出租

2. 固定资产折旧是由(　　)造成。

A. 人为毁损　　B. 有形磨损　　C. 无形磨损　　D. 自然灾害

三、判断题

1. 固定资产折旧费用，可从企业收入中得到补偿。(　　)

2. 累计折旧是资产类科目，所以借增贷减，期末余额一般在贷方。(　　)

【业务题】

1. 新美公司从厦门国贸集团购进一条全自动服装生产线，增值税专用发票显示该设备买价 300 000 元，增值税进项税额 39 000 元，价税款已转账付讫。合同规定：运费和安装费总计 9 000 元由厦门国贸承担。

本项交易编制会计分录如下：

2. 新美公司提取固定资产折旧，其中管理部门用固定资产应提折旧 1 800 元，生产部门用固定资产应提折旧 5 000 元，专设销售机构用固定资产应提折旧 1 200 元。

本项事项编制会计分录如下：

3. 新美公司2020年4月转账支付设备的零星维修费用10 000元，增值税1 300元。其中，生产设备维修费为5 000元，管理部门设备维修费为2 000元，专设销售机构设备维修费为3 000元。

本项交易编制会计分录如下：

子项目3 材料采购业务

【理论题】

一、单项选择题

1. 材料采购成本包括材料买价和(　　)。

A. 材料的增值税进项税额　　B. 材料采购人员的差旅费

C. 材料的采购费用　　D. 材料的损毁

2. 某企业购进A材料100千克，每千克进价1元，总价100元，增值税13元，假设验收入库时，该材料实收99千克，少掉的1千克为运输途中合理损耗，则入库存材料的(　　)。

A. 总价为99元，数量为99千克　　B. 总价为100元，数量为100千克

C. 总价为100元，数量为99千克　　D. 总价为99元，数量为100千克

二、多项选择题

材料采购费用包括(　　)。

A. 材料的运费　　B. 进口材料的关税

C. 材料的买价　　D. 运输途中的合理损耗

三、判断题

1. 共同耗用的材料采购费用，以材料的买价作为分配标准是最合理的。(　　)

2. 材料的采购费用包括材料入库后的挑选整理费。(　　)

【业务题】

一、材料采购成本的计算

2020年4月10日，新美公司从太湖织布厂购入锦棉布5 000码，每码18元；丝光布

2 000码，每码 36 元；里布 3 000 码，每码进价 9 元，增值税税率为 13%。三种布料共同发生的运费 1 000 元，运费的增值税税率为 9%，若无其他采购费用，请分别计算锦棉布、丝光布、里布的采购成本(不要求编制会计分录)。

第一步：计算各种布料的总进价。

锦棉布总进价=

丝光布总进价=

里布的总进价=

第二步：计算各种布料应承担的运杂费(假设以码数为分配标准)。

运费的分配率=

锦棉布应承担的运杂费=

丝光布应承担的运杂费=

里布应承担的运杂费=

第三步：计算各种布料的采购总成本。

锦棉布的采购总成本=

丝光布的采购总成本=

里布的采购总成本 =

第四步：计算各种布料的单位采购成本。

锦棉布的单位采购成本=

丝光布的单位采购成本=

里布的单位采购成本 =

二、材料采购的账务处理

(1)2020 年 4 月 15 日，新美公司从太湖织布厂购入锦棉布 5 000 码，每码 18 元；丝光布2 000码，每码 36 元；里布 3 000 码，每码进价 9 元，增值税税率为 13%，价税款已转账支付，材料尚在运输途中。

本项交易编制会计分录如下：

(2)以库存现金支付运费 1 200 元，运费的增值税 108 元，其中，锦棉布应承担运费 450 元，丝光布应承担运费 390 元，里布应承担 360 元。

本项交易编制会计分录如下：

(3) 布料验收入库，没有发生短少和溢余。

本项交易编制会计分录如下：

(4) 2020 年 4 月 18 日，转账支付吴江织布厂纳米布预购款 50 000 元。

本项交易编制会计分录如下：

(5) 2020 年 4 月 25 日，增值税发票显示，从吴江织布厂购入纳米布 2 000 码，单位进价 48 元，总价 96 000 元，增值税 12 480 元。对方代垫运费 1 000 元，代垫运费的增值税 90 元，材料已验收入库。

本项交易编制会计分录如下：

(6) 2020 年 4 月 28 日，转账支付吴江织布厂剩余款项。

本项交易编制会计分录如下：

子项目 4　生 产 业 务

【理 论 题】

一、单项选择题

1. 生产车间的修理费，应当在(　　)账户核算。

A. 制造费用　　B. 管理费用

C. 生产成本　　D. 销售费用

2. 应计入直接材料的项目是(　　)。

A. 生产车间维护设备领用机物料　　B. 行政管理部门领用材料

C. 服装厂生产衣服领用布料　　D. 专设销售机构领用材料

3. 应计入直接人工的项目有(　　)。
A. 服装厂生产工人的工资　　B. 服装厂销售人员的工资
C. 服装厂生产车间管理人员工资　　D. 服装厂会计人员的工资

二、多项选择题

1. 生产成本包括(　　)。
A. 直接材料　　B. 直接人工
C. 制造费用　　D. 燃料和动力
2.“生产成本”账户，是用来核算企业(　　)发生的各项成本费用。
A. 制造产品　　B. 自制半成品
C. 自制材料　　D. 自制工具
3.“应付职工薪酬”账户可按职工工资、职工福利及(　　)设置明细账。
A. 社会保险　　B. 住房公积金
C. 工会经费　　D. 职工教育经费

三、判断题

1. 生产成本也称制造成本，是企业为生产一定种类和一定数量的产品所发生的能以货币计量的各种生产耗费。(　　)
2. 制造费用、生产成本期末一般无余额。(　　)
3. 只要是发生在生产部门或生产车间的费用，最终都必须计入产品的生产成本。(　　)

【业务题】

以美芝服饰 2020 年 9 月份的生产业务为例。

一、发出材料的核算

新美公司发出材料汇总表，见表 4-1。

表 4-1　新美公司发出材料汇总表

2020 年 9 月 30 日　　单位：元

项目	锦棉布	丝光布	里布	润滑油	合计
男休闲西装	100 000	50 000	10 000		160 000
女休闲西装	100 000	60 000	15 000		175 000
生产车间				280	280
行政部门				120	120
合计					

注：“合计”栏由学生填写。

本事项编制会计分录如下：

二、工资的核算

新美公司职工薪酬计提表见表4-2。

表4-2 新美公司职工薪酬计提表

2020年9月30日　　　　单位：元

项目	基础工资	计件工资	加班工资	绩效工资	合计
男休闲西装	20 000	60 000	40 000		
女休闲西装	20 000	50 000	30 000		
生产车间	20 000		15 000		
行政部门	100 000		20 000	10 000	
专设销售机构	30 000			60 000	
合　计					

注："合计"由学生填写，检查原始凭证的数据正误。

本事项编制会计分录如下：

2020年10月14日，从银行提取现金450 000元，备发上月工资。

本事项编制会计分录如下：

2020年10月15日，用现金发放员工工资450 000元。

本事项编制会计分录如下：

三、制造费用的归集与分配

1. 2020年9月3日，新美公司采购员持小额销售发票来财务部报销，财务审核后以现金支付办公用品1 500元，其中，60%交付行政部门使用，40%交付生产车间使用。

本事项应编制会计分录如下：

2. 水厂转来的增值税专用发票显示：新美公司本月耗水共 5 000 吨，单价 4 元，小计 20 000 元，增值税 1 800 元(水费的税率为 9%)，价税款合计 21 800 元已转账付讫。“本月水费分配表”显示：行政部门耗水 1 000 吨，总价4 000元；生产部门耗水4 000吨，总价 16 000 元。

本事项应编制会计分录如下：

3. 2020 年 9 月，“新美公司折旧计算表”显示：本月生产部门固定资产折旧 48 120 元；专设销售机构固定资产折旧 14 180 元，行政管理部门固定资产折旧 82 700 元。

本事项应编制会计分录如下：

根据以上资料，在制造费用的 T 形账上，登记归集已发生的制造费用。

制造费用

4. 假设男女休闲西装的生产工时分别是 8 200 工时、7 800 工时，请按工时比例分配男女休闲西装各自应承担的制造费用。

制造费用分配过程如下：

(1)制造费用分配率为：

(2)各分配对象应分摊的制造费用：

① 男休闲西装应分配的制造费用

② 女休闲西装应分配的制造费用

(3) 本事项应编制会计分录如下：

四、完工产品生产成本的计算与结转

本月女休闲西装没有全部完工，不存在结转完工产品成本的情形；男休闲西装完工了 5 000件，月末在产品2 000件，有关资料如下：

男休闲西装月初在产品成本合计 60 750 元，其中：直接材料 30 000 元，直接人工 22 500 元，制造费用 8 250 元；

男休闲西装在产品采用定额成本法，月末在产品单位定额材料成本 20 元，单位定额人工成本 15 元，单位定额制造费用 5 元。

（1）请在 No. 4-1 上登记男休闲西装的生产成本明细账。

No. 4-1

生产成本明细账（因版面关系，时间栏、凭证号数栏省略）

产品：男式夹克　　2020 年 9 月 30 日

摘　要	成本项目			
	直接材料	直接人工	制造费用	合　计
月初在产品成本				
领用材料				
分配工人工资				
分配制造费用				
本月累计				
完工男休闲西装 5 000 件				
单位成本				
月末在产品 2 000 件				

（2）根据表 4-1 及完工产品入库单（略）编制会计分录。

子项目 5　销售业务

【理论题】

一、单项选择题

1.（　　）属于企业的主营业务。

A. 服装厂建厂房　　B. 鞋厂出租空闲厂房

C. 水泥厂生产水泥　　D. 钢材厂购买河北钢铁公司的股票

2. 不在“税金及附加”账户核算的是（　　）。

A. 城市维护建设税　　B. 教育费附加

C. 消费税　　D. 增值税

3. 某企业实现销售收入 1 000 万元，本月发生增值税销项税额 130 万元，本月采购材料接受服务产生的进项税额 67 万元，没有发生消费税，如果城市维护建设税的税率为 3%，则本月应缴纳的城建税为(　　)万元。

A. 30.00　　B. 1.89　　C. 2.01　　D. 3.90

二、多项选择题

1. 收入的确认应同时满足的条件有(　　)。

A. 企业已将商品所有权的主要风险和报酬转移给购货方

B. 企业没有保留与所有权相联系的继续管理权，也没有对已售商品实施控制

C. 收入的金额，已发生或将发生的成本均能可靠地计量

D. 相关的经济利益很可能流入企业

2. (　　)属于其他业务。

A. 出售材料　　B. 出售固定资产　　C. 出租无形资产　　D. 出租包装物

3. 结转本年利润后，期末无余额的账户有(　　)。

A. “主营业务收入”　　B. “其他业务成本”

C. “销售费用”　　D. “税金及附加”

三、判断题

1. 销售收入可以补偿企业的成本费用，也是国家所得税和企业利润的主要来源。(　　)

2. 企业提供非工业性劳务属于主营业务收入。(　　)

3. 与投资性房地产相关的房产税和土地使用税在“税金及附加”账户核算。(　　)

【业务题】

1. 2020 年 3 月 10 日，新美公司业务部转来的增值税专用发票显示：向北京市新街口百货有限公司销售男休闲西服 2 000 件，售价 150 元/件，总售价 300 000 元，增值税税额 39 000元；销售女休闲西服 1 000 件，售价 198 元/件，总售价 198 000 元，增值税税额 25 740 元，转账代垫运费及增值税 7 630 元。已向银行办妥托收手续。

本事项应编制会计分录如下：

2. 2020 年 3 月 11 日，新美公司业务部转来的增值税专用发票显示：向青海省海西商城出售女休闲西服 500 件，单价 200 元，总售价 100 000 元，增值税税额 13 000 元。企业同日收到青海省海西商城开来的一张为期 3 个月的银行承兑汇票。

本事项应编制会计分录如下：

3. 2020 年 3 月 11 日，向海西商城转账支付女休闲西服的运费，物流公司开具的增值税专用发票显示：发生运费 2 000 元，增值税税额 180 元。

本事项应编制会计分录如下：

4. 2020 年 3 月份，“商品销售汇总表”显示：当月销售男休闲西服 3 500 件，单位成本 62. 40 元，女休闲西服 3 000 件，单位成本 65 元，请结转本月已销商品的生产成本。

已销男休闲西服的生产成本=

已销女休闲西服的生产成本 =

5. 2020 年 3 月 29 日，业务部转来的“增值税专用发票(记账联)”显示：新美公司销售棉布 1 000 码给晋江永和服饰公司，单价 40 元，总售价 40 000 元，增值税税额 5 200 元；“农业银行进账单(收账通知)”显示：价税款合计 45 200 元已经到账。

本事项应编制会计分录如下：

6. 已售棉布的采购成本为 30 000 元。

本事项应编制会计分录如下：

7. 2020 年 3 月的月末，财务部计算出本月应交增值税 120 000 元，请按 7%和 3%的比例分别提取城市维护建设税和教育费附加。

本事项应编制会计分录如下：

其中：城市维护建设税=

教育费附加=

8. 2020 年 3 月 31 日，出纳通过银行转账支付本月应交的增值税、城市维护建设税和教育费附加。

本事项应编制会计分录如下：

9. 银行转来收账通知，2020 年 3 月 10 日出售给北京市新街口百货有限公司的男、女休闲西服的货款已经到账。

本事项应编制会计分录如下：

子项目 6　期间费用业务

【理 论 题】

一、单项选择题

1. 不能计入“税金及附加”的税费有(　　)。

A. 增值税　　B. 土地使用税

C. 房产税　　D. 车船税

2. 应在“财务费用”账户核算的项目有企业(　　)。

A. 发生的财产损失　　B. 将闲余资金委托理财公司理财获得的收入

C. 财务人员的工资费用　　D. 发生的汇兑损益

3. 不在“销售费用”账户核算的项目有(　　)。

A. 销售商品发生的运费　　B. 业务招待费

C. 预计产品质量保证损失　　D. 广告费、展览费

二、多项选择题

1. 期间费用包括(　　)。

A. 管理费用　　B. 制造费用　　C. 销售费用　　D. 财务费用

2. 应在“管理费用”账户核算的项目有(　　)。

A. 公司经费　　B. 董事会费　　C. 印花税　　D. 生产车间设备修理费

3. 关于“期间费用”，下列表述正确的有(　　)等。

A. 期间费用是企业日常经营活动形成的

B. 期间费用不归属于某一个特定的成本核算对象

C. 期间费用与一定的会计期间相联系

D. 期间费用应当直接计入当期损益

三、判断题

1. 期间费用是指企业日常活动中发生的，不归属于某个特定成本的核算对象，应当直接计入当期损益的各种费用。(　　)

2. 期间费用账户，借方登记增加，贷方登记减少，期末余额一般在借方。　（　　）

3. 企业接受技术转让(尚不形成无形资产)所发生的各项费用不应计入管理费用。

（　　）

【业务题】

1. 新美公司行政部门人员陈飞 2020 年 2 月 3 日预借差旅费 5 000 元，出纳审核借款单后，以现金支付，并在借款单上加盖“现金付讫”章。

本事项应编制会计分录如下：

2. 展望股份有限公司业务员 2020 年 2 月 5 日持“增值税专用发票”到新美公司财务部报销，发票显示：新美公司于 2 月 1~3 日参加厦门会展中心举办的“金冬华服”展，办展费用 50 000 元，增值税税额 3 000 元(增值税税率为 6%)，价税合计 53 000 元，出纳审核无误后，转账付讫。

本交易应编制会计分录如下：

3. 行政部陈飞 2020 年 2 月 10 日出差回来，当天报销差旅费 3 800 元，退回差旅费预借款余款 1 200 元，出纳审核无误后，开出收款收据。

本交易应编制会计分录如下：

4. 新美公司 2020 年 2 月 9 日向平安保险晋江分公司支付明年财产保险费 24 000 元。

本交易应编制会计分录如下：

5. 新美公司财务部 2020 年 2 月 10 日接银行通知，银行从企业存款账户上划走转账手续费 86 元。

本事项应编制会计分录如下：

6. 新美公司财务部于 2020 年 2 月 15 日转账支付运费给某物流公司 4 360 元。其中，向晋江新华都超市销售本企业产品，企业承担的运费 2 000 元，增值税税额 180 元，向浙江新华都超市销售本企业产品，企业代垫运费 2 000 元，增值税税额 180 元。

本事项应编制会计分录如下：

7. 新美公司于2020年2月30日，分摊本月应负担的财产保险费2 000元。

本事项应编制会计分录如下：

8. 新美公司于2020年2月30日对“无形资产——某专利技术”进行摊销，本月应摊销金额为4 800元。

本事项应编制会计分录如下：

9. 2020年2月30日，晋江快捷修理中心员工持“增值税专用发票”要求付款，发票显示：新美公司本月设备维修费共6 000元，增值税税额780元，新美公司出纳审核无误后，开出现金支票支付。

本项交易应编制会计分录如下：

10. 编制“本月维修费用分配表”，分配表显示：行政部门设备维修费用1 000元，生产车间设备维修费3 000元，专设销售机构设备维修费2 000元。

本项交易应编制会计分录如下：

11. 新美公司月末对从工商银行借入的短期借款提取本月应负担的利息2 500元。

本事项应编制会计分录如下：

12. 假设新美公司本月在结转本年利润前，管理费用借方余额219 000元，销售费用借方余额140 495元，财务费用借方余额9 905元，请结平本月期间费用。

本事项应编制会计分录如下：

子项目 7　利润形成业务

【理 论 题】

一、单项选择题

1. 营业外支出是用来核算企业非日常经营活动形成的，应计入(　　　)，会导致所有者权益减少，与向所有者分配利润无关的损失。

A. 期间费用　　　B. 当期损益　　　C. 所有者权益　　　D. 营业成本

2. 利润总额=(　　)。

A. 营业利润-所得税费用

B. 营业利润+营业外收入

C. 营业利润+营业外收入-营业外支出

D. 营业利润+营业外收入-营业外支出-所得税费用

3. 综合收益总额=(　　)。

A. 利润总额-所得税费用

B. 营业利润+其他综合收益

C. 营业利润+其他综合收益的税后净额

D. 净利润+其他综合收益的税后净额

二、多项选择题

1. 营业收入包括(　　)。

A. 主营业务收入　　　　　　　B. 其他业务收入

C. 营业外收入　　　　　　　　D. 投资收益

2. 应在“营业外收入”账户核算的项目有(　　)和政府补助收入等。

A. 无法支付的应付款项　　　　B. 债务重组收入

C. 盘盈收入　　　　　　　　　D. 处置固定资产净收益

三、判断题

1. 利润是企业在一定会计期间的经营成果，包括收入减去费用后的净额，直接计入当期利润的利得和损失等。(　　)

2. 企业所得税费用=企业利润总额☞所得税税率。(　　)

3. 研发费用是“管理费用”总分类账户下的一个明细分类账户。(　　)

【业务题】

一、利得与损失的账务处理

1. 新美公司财务部 2020 年 2 月 4 日开出一张现金支票，支付税务局罚款 8 000 元。

本交易应编制会计分录如下：

2. 新美公司财务部经确认，有一笔应付货款 5 850 元，由于被欠公司已消失多年，现被确认是一家非法的皮包公司，款项已无法支付，经批准给予转销。

本事项应编制会计分录如下：

3. 新美公司财务部 2020 年 2 月 15 日收到农业银行进账通知和福建省工商企业资金往来专用单据显示：海大集团向本公司分配现金股利 85 000 元，现已到账。

本交易应编制会计分录如下：

二、计算营业利润、利润总额、所得税费用、净利润、综合收益总额

新美公司 2020 年 1 月份结转本年利润前损益类账户当月发生额如表 4-3 所示。

表 4-3　损益类账户当月发生额

账户名称	借方发生额	贷方发生额
主营业务收入		4 500 000
其他业务收入		500 000
投资收益	350 000	300 000
营业外收入		50 000
主营业务成本	2 500 000	
其他业务成本	200 000	
税金及附加	300 000	
销售费用	600 000	
管理费用	550 000	
财务费用	158 000	58 000
营业外支出	30 000	

注：表中未列示的项目，本期发生额为零。

1. 求营业利润=

2. 求利润总额=

3. 假设无纳税调整项目，企业所得税税率为25%，则该企业：

当月所得税费用=

4. 净利润=

5. 综合收益总额=

三、期末结转损益类账户

1. 根据表4-3中的资料，将新美公司2020年1月份收入、收益类账户结入本年利润。

本事项应编制会计分录如下：

2. 根据表4-3中的资料，将新美公司2020年1月份成本、费用、支出类账户记入本年利润账户。

本事项应编制会计分录如下：

四、结转所得税费用

1. 提取新美公司2020年1月份的所得税费用180 000元。

本事项应编制会计分录如下：

2. 结转所得税费用。

本事项应编制会计分录如下：

五、结转净利润

将新美公司2020年1月份的净利润540 000元转入利润分配账户。

本事项应编制会计分录如下：

子项目8 利润分配业务

【理论题】

一、单项选择题

1. 企业利润分配时，先弥补以前年度亏损，然后按(　　)的排序进行分配。
A. 提取任意盈余公积→提取法定盈余公积→向投资人分配利润
B. 提取所得税费用→提取公积金→向投资人分配利润
C. 提取法定盈余公积→提取任意盈余公积→向投资人分配利润
D. 提取法定盈余公积→向投资人分配利润→ 提取任意盈余公积
2. 关于弥补以前年度的亏损，下列表述中，正确的是(　　)。
A. 以前年度的亏损只能用税后利润弥补
B. 以前年度的亏损必须用税前利润弥补
C. 5 年内的亏损用税前利润弥补、5 年之前的亏损用税后利润弥补
D. 当年发生亏损，国家应退还上 1 年度征收的所得税，用来弥补当年亏损。
3. 年终结转后，“利润分配”总分类账户下的(　　)明细账户一般情况下都有余额。
A. 提取法定盈余公积　　B. 提取任意盈余公积
C. 未分配利润　　D. 应付股利

二、多项选择题

1. 企业留存收益包括(　　)。
A. 实收资本　　B. 资本公积
C. 盈余公积　　D. 未分配利润
2. 盈余公积金的用途有(　　)。
A. 转增资本　　B. 转作资本公积金
C. 弥补亏损　　D. 分配股利

三、判断题

1. 当以前年度累积的法定盈余公积金达到注册资本的 50%时，可以不再提取。(　　)
2. 本年利润是利润分配的调整账户。(　　)
3. 企业提取企业所得税费用属于利润分配业务。(　　)

【业务题】

一、盈利企业的利润分配

1. 新美公司 2020 年净利润 300 000 元，按净利润的 10%提取法定盈余公积。

本事项应编制会计分录如下：

2. 新美公司董事会决定，按净利润的 5% 提任意盈余公积。
本事项应编制会计分录如下：

3. 新美公司董事会决定，按净利润的 15%向投资人分配现金股利。
本事项应编制会计分录如下：

4. 新美公司结平 2020 年的利润分配明细账户
本事项应编制会计分录如下：

二、亏损企业的利润分配

1. 著成服饰 2020 年亏损 300 000 万元，请结平“本年利润”账户。
本事项应编制会计分录如下：

2. 经董事会研究决定，同意用盈余公积金弥补亏损 150 000 元，其余亏损留待以后年度利润来弥补。
本事项应编制会计分录如下：

3. 年终结平“利润分配”账户的明细科目
本事项应编制会计分录如下：

项目五 会计凭证

子项目1 原始凭证(单据)

【理论题】

一、单项选择题

1. (　　)是会计资料中最能明确经济责任，最具法律效力的一种文件。

A. 记账凭证　B. 原始凭证　C. 会计账簿　D. 会计报表

2. 原始凭证按填制手续和内容的不同可以分为(　　)。

A. 外来原始凭证和自制原始凭证　B. 一次凭证、累计凭证和汇总凭证

C. 通用凭证和专用凭证　D. 专用凭证和汇总凭证

3. 差旅费报销单属于(　　)。

A. 一次凭证　B. 累计凭证　C. 汇总凭证　D. 外来凭证

4. 限额领料单属于(　　)。

A. 一次凭证　B. 累计凭证　C. 汇总凭证　D. 外来凭证

5. 下列属于汇总原始凭证的是(　　)。

A. 累计销售凭证　B. 收料单　C. 销售日报　D. 折旧计算表

6. 原始凭证出现(　　)必须重开。

A. 将商品规格写错　B. 开票时间填错

C. 名字没签到正确的位置上　D. 金额计算错误或填写错误

7. 关于增值税专用发票的开具、使用表述中，不正确的是(　　)。

A. 必须在发出商品时开具增值税专用发票

B. 单位和个人不得给他人代开发票

C. 单位和个人不得自行扩大增值税专用发票的使用范围

D. 一张发票只能一种税率，最多开8行商品，商品单价是不含税的

8. 关于增值税专用发票作废，下列符合规定的是(　　)。

A. 当月开具的增值税专用发票，填写错误可以作废

B. 上月开具的增值税专用发票，填写错误可以作废
C. 已报税的增值税专用发票，填写错误可以作废
D. 当月开具、隔月开具、已报税的增值税专用发票，只要填写错误，就可以作废
9. 小写“10 月 15 日”，大写的规范写法是(　　)。
A. 拾月零壹拾伍日　　B. 拾月壹拾伍日
C. 壹拾月壹拾伍日　　D. 零壹拾月壹拾伍日
10. 人民币壹仟元整，小写的正确写法是(　　)。
A. 1 000. 00 元　　B. 1 000. 00　　C. ¥1 000. 00　　D. ¥1 000 元
11. 收回职工所借款项时，不得(　　)。
A. 另开收据　　B. 退还原借款收据
C. 退还原收据副本　　D. 采用转账方式
12. (　　)不属于现金支票的用途。
A. 支付差旅费　　B. 提取现金备用
C. 支付劳务费　　D. 支付货款或支付代理费

二、多项选择题

1. 不能作为会计核算的原始凭证的有(　　)。
A. 企业的购销合同　　B. 请购单
C. 银行对账单　　D. 银行存款余额调节表
2. 下列属于外来原始凭证的有(　　)。
A. 银行转来的各种结算凭证　　B. 员工出差时取得的车船票、住宿发票
C. 向外单位收款时开出的收据记账联　　D. 企业开出的银行结算凭证存根联
3. 下列表述中，正确的有(　　)。
A. 一次凭证是指一次性填完所有内容，一次性完成各项手续的原始凭证
B. 累计凭证是指一定时期内多次连续记录若干项同类经济业务的原始凭证
C. 通用凭证由有关部门统一印制，具有统一的格式、统一的使用方法，一定的使用范围
D. 专用凭证是由单位自行印制，仅在本单位内部使用的原始凭证
4. 原始凭证的填制要求有(　　)。
A. 真实可靠　　B. 内容完整　　C. 填制及时　　D. 书写漂亮
5. 关于外来原始凭证和自制原始凭证，下列表述中，正确的有(　　)。
A. 自制原始凭证应有的项目和外来原始凭证应有的项目有很大的区别
B. 自制原始凭证应有的项目和外来原始凭证应有的项目基本相同
C. 自制原始凭证一般不需要加盖税务专用章或者由财政部门统一印制
D. 外来原始凭证一般不需要加盖税务专用章或者由财政部门统一印制
6. 填写原始凭证时应做到(　　)。
A. 使用蓝黑墨水笔或特殊水笔书写
B. 文字工整，易于辨认，不得乱涂乱改，填写错误由开票方按规定进行更正或重开
C. 大小写数字要规范，大小写金额要一致

D. 两联或两联以上的凭证，必须全部写透

7. 出票人要在支票的正面加盖(　　)，缺一不可。

A. 财务专用章　　B. 发票专用章　　C. 合同专用章　　D. 法人章

8. 下列表述中，正确的有(　　)。

A. 不必在大写金额后面写“整”或“正”

B. 大写金额到元为止的，必须在后面写“整”或“正”

C. 大写金额到角为止的，可以在后面写“整”或“正”

D. 大写金额到分为止的，不能在后面写“整”或“正”

9. 大写日期前要加零的有(　　)。

A. 1 月、2 月　　B. 1 至 10 日　　C. 20 日　　D. 30 日

10. 财务人员应对原始凭证的(　　)进行审核。

A. 合法性　　B. 真实性　　C. 完整性　　D. 正确性

11. 下列属于对原始凭证进行合法性审查的是(　　)。

A. 原始凭证本身的印章是否与单据的种类相符合、发票联是否加盖开票方的发票专用章

B. 自制原始凭证是否有经办单位领导人或其指定人员的签名或盖章

C. 发票呈现的业务是否以合同为依据、上级部门批准的业务是否有上级部门的批准文件

D. 原始凭证的签字或盖章是否签在或盖在正确的位置

12. 对真实合法但内容有错误的原始凭证，财务部门应(　　)。

A. 不予受理，并向单位负责人报告

B. 退回给经办人，如果是手续不齐全的，要求补齐手续

C. 退回给经办人，如果是单据有错误的，要求经办人自行更正，财务人员不得帮助更正。

D. 退回给经办人，如果是单据有错误的，要求原开票单位重开或更正

三、判断题

1. 原始凭证也称单据，是经济业务发生或完成情况的记录凭据或书面证明，是填制记账凭证和登记账簿的原始依据。(　　)

2. 增值税专用发票必然是外来原始凭证。(　　)

3. 原始凭证按来源的不同可以分成外来原始凭证和自制原始凭证。(　　)

4. 外来原始凭证大多是累计凭证。(　　)

5. 原始凭证作废时要加盖“作废”戳记，连同存根一起保存，不得随意弃毁。(　　)

6. 企业应在发出商品时开具增值税专用发票。(　　)

7. 现金支票如果收款人是个人，出票人在支票背面不盖任何章。(　　)

8. 无签章或签章不全的收料单不能作为编制记账凭证的依据。(　　)

9. 一式几联的发票，应注明各联的用途，并且只能以一联作为报销凭证。(　　)

10. 小写金额“￥3 008.03”，大写应写成叁仟零捌元零叁分。(　　)

11. 自制原始凭证应有经办单位领导人或其指定人员的签名或盖章。(　　)

12. 增值税专用发票是会计核算最重要的原始凭证之一。现在没有手写的增值税专用发票，全部是计算机打印的。(　　)

【业务题】

一、计算填写限额资料单

在表 5-1 上计算每次领用圆钢后限额领料单的结余数量、2019 年 10 月全月实际领用圆钢的数量、金额，并填写好表单“合计”栏的项目。

表 5-1　限额领料单

限额领料单

领料部门：装配车间材料类别：黑色金属

用　途：生产铁制家具　　2019　年 10　月　　发料仓库：4 号仓库

材料编号	材料名称	规格	计量单位	本月领用限额数量	实际领用			备注
					数量	单价	金额	
01206	圆钢	18mm	kg	4000		2.80		

日期	领料			退库			限额结余数量
	数量	领料人签章	发料人签章	数量	收料人签章	退料人签章	
10/4	1 000	张科	宋东河				
10/9	800	张科	宋东河				
10/15	700	张科	宋东河				
10/22	600	张科	宋东河				
10/27	500	张科	宋东河				
10/30	400	张科	宋东河	100			

二、原始凭证填制

有关购销单位的资料如表 5-2 所示

表 5-2　有关购销单位资料表

公司名称	晋江美华有限公司	江苏吴江恒宇有限公司
纳税人识别号	350582001429	320584722206414
地址、电话	晋江金井滨海新城 9 号 85391835	吴江市大通路 12 号 0512-63511830
开户行及账号	工行金井营业部 53140100001672	吴江市农行大通分理处 98010698113
法人(代表)	蔡美华	吴振宇

1. 2020 年 3 月 9 日，吴江恒宇有限公司向晋江美华有限公司出售锦棉布 8 000 码，不含税单价 9. 5 元/码，增值税税率 13%。

请以恒宇公司开票人叶瑜的身份，在图 5-1 上开一份增值税专用发票。

江苏省增值税专用发票

发　票　联

开票代码：略
开票号码：略
开票日期：　　年　月　日
校 验 码：略

机器编号：略

购买方	名　　称： 纳税人识别号： 地 址、电 话： 开户行及账号：	密码区	略

货物或应税劳务、服务名称	规格型号	单位	数量	单价	金　额	税率	税　额
						13%	
合　　计							
价税合计（大写）	※				（小写）¥		

销售方	名　　称： 纳税人识别号： 地 址、电 话： 开户行及账号：	备注	吴江市恒宇有限公司 3505470641 发票专用章

收款人：　　　　复核：　　　　开票人：　　　　销货单位：（章）

第三联：发票联　购货方记账凭证

图 5-1　增值税专用发票示例

2. 2020 年 3 月 10 日，晋江美华有限公司采购员江水兰从江苏吴江恒宇有限公司购进成分及含量为 28%N、69%C、3%SP 的锦棉布 8 000 码(见图 5-1)，经检验员陈一真检验合格后，由 2 号仓库保管员留云山负责入库，收料单编号为 0180056，该批锦棉布没有发生其他费用，请在 No. 5-1 上填写锦棉布的“收料单”(锦棉布的编号为 213)。

No. 5-1

收　料　单

供应单位：　　　　年　月　日　　　　收料仓库：
发票号码：　　　　　　　　　　　　收料单编号：

编号	名称	成份及含量	单位	数量		实际成本			
				应收	实收	买价		采购费用	合计
						单价	金额		

采购员：　　　　检验员：　　　　记账员：　　　　保管员：

3. 2020 年 3 月 15 日，晋江美华有限公司出纳吕秀枝开出一张现金支票到银行提取现金 5 000 元备用，请以吕秀枝的身份在 No. 5-2、No. 5-3 上填写现金支票。

No. 5-2

中国工商银行现金支票（闽） Cy/02 018108133

本支票付款期十天

出票日期（大写）　年　月　日　　　付款行名称：

收款人：　　　　　　　　　　　　　出票人账号：

人民币（大写）	千	百	十	万	千	百	十	元	角	分

用途：

上列款项请从

我账户内支付

出票人盖章　　　　财务专用章　　蔡美华印

复核：　　记账：

注：考虑到不便刻章实训，故将预留银行章先盖在现金支票上，工作中这样做是违规的。

No. 5-3

中国工商银行（闽）

现金支票存根

Cy/02 018108133

附加信息

出票日期　年　月　日

收款人：
金额：
用途：

单位主管：蔡美华印　会计：许云峰

注：①现金支票的收款人为本单位的，应在现金支票背面的“被背书人”栏内加盖本单位的财务专用章和法人章。

②考虑到盖章不便，故略。

子项目2　记账凭证

【理论题】

一、单项选择题

1. (　　)是会计核算工作的起点和基本环节。
A. 设置账户　　B. 填制和审核会计凭证
C. 登记账簿　　D. 筹集资金
2. 记账凭证又称(　　)。
A. 单据　　B. 记账凭单　　C. 票据　　D. 账册
3. 企业如果不选用专用记账凭证的企业，则可以选用(　　)。
A. 收款凭证　　B. 付款凭证
C. 转账凭证　　D. 通用记账凭证
4. 记账凭证的内容包括(　　)。
A. 经济业务的内容　　B. 经济业务的摘要
C. 经办人员的签名或盖章　　D. 填制单据的日期
5. 采用专用记账凭证的企业，从银行提取现金应编制(　　)。
A. 收款凭证　　B. 付款凭证　　C. 转账凭证　　D. 通用凭证
6. "报销差旅费"的记账凭证，记账凭证上面的日期一般填写(　　)。
A. 出差人员的出差日期　　B. 报销差旅费的日期
C. 填制记账凭证的日期　　D. 月末日期
7. 要在本月最后一张记账凭证的编号旁边注明(　　)字。
A. 整　　B. 完　　C. 全　　D. 止
8. 某企业第5项经济业务涉及2张记账凭证，则2张记账凭证的编号是(　　)。
A. 6　　B. 5-2　　C. $5\frac{2}{2}$　　D. 5^2
9. 某项业务同时涉及付款及转账业务，若采用(　　)则可编制复合记账凭证。
A. 专用记账凭证　　B. 转账凭证
C. 付款凭证　　D. 通用记账凭证
10. 采用通用记账凭证的企业，将现金存入银行应编制(　　)。
A. 收款凭证　　B. 付款凭证　　C. 转账凭证　　D. 通用凭证

二、多项选择题

1. 会计凭证按(　　)的不同，可以分为原始凭证和记账凭证。
A. 来源　　B. 填制手续　　C. 用途　　D. 填制方法

2. 记账凭证是(　　)的书面证明文件。
A. 根据审核无误的原始凭证或汇总原始凭证填制的
B. 具有一定的格式
C. 载有会计分录
D. 可作为记账直接依据
3. 记账凭证按内容的不同，可以分为(　　)。
A. 收款凭证　B. 付款凭证　C. 转账凭证　D. 通用凭证
4. 需要在“计提折旧”的记账凭证上盖章或签名的有(　　)和会计主管。
A. 制单人员　B. 出纳人员　C. 审核人员　D. 记账人员
5. 记账凭证的填制依据可以是(　　)。
A. 一张原始凭证，如根据提取现金业务的现金支票存根编制记账凭证
B. 若干张不同类型但有业务关联的原始凭证
C. 若干张同类原始凭证，如根据 2 张同类型的“发料单”编制 1 张记账凭证
D. 原始凭证汇总表，如根据“发出材料汇总表”编制 1 张记账凭证
6. (　　)的记账凭证可以没有原始凭证。
A. 期末结账　B. 提取折旧　C. 更正错账　D. 归还借款
7. 记账凭证上的日期，可能是(　　)。
A. 填写记账凭证当天的日期　B. 经济业务发生的日期
C. 登账的日期　D. 月末日期
8. 关于记账凭证上的金额，下列表述中正确的有(　　)。
A. 记账凭证的金额来源于原始凭证，要与原始凭证上的金额相符
B. 记账凭证上每笔金额前都要加人民币符号“￥”
C. 借方合计金额要等于贷方合计金额
D. 金额书写要规范
9. 如果一张原始凭证或几张原始凭证涉及几张记账凭证，正确做法是(　　)。
A. 如果是几张原始凭证，则将原始凭证分开，分别附在不同的记账凭证后面
B. 将一张或几张原始凭证附在主要的记账凭证后面
C. 在主要记账凭证的摘要注明“本记账凭证的附件包括××号记账凭证的经济业务”
D. 在次要经济业务的记账凭证上注明“本经济业务的原始凭证附在××号记账凭证后面”
10. 下列属于记账凭证的有(　　)。
A. 收款凭证　B. 付款凭证
C. 转账凭证　D. 科目汇总表

三、判断题

1. 会计凭证是记录经济业务、明确经济责任、能据以登记账簿的书面证明。(　　)
2. 记账凭证按填列方式的不同分为复式记账凭证和单式记账凭证。(　　)
3. 原始凭证是记账的直接依据，记账凭证是记账的间接依据。(　　)
4. 记账凭证必须根据审核无误的原始凭证填制。(　　)
5. 计提和分配费用等业务的记账凭证，以月末最后日期填写。(　　)

6. 一项经济业务涉及2个以上总账科目的，应当根据各总账科目的特点分别填写摘要，对同类业务，其摘要的表述应基本一致。（　　）

7. 附件张数一律按原始凭证的实际张数填写。（　　）

8. 在登账之前必须指定专人对记账凭证进行认真的审核。（　　）

9. 填写摘要时对常规业务可以表述得详细些，对特殊业务则应当简明扼要。（　　）

10. 记账凭证应从最后一笔金额下的空行划斜线或“S”线到合计数上面的空行，注销凭证空白处。（　　）

【业务题】

一、填制专用记账凭证

1. 著成服饰2020年1月总第36笔业务，也是第29笔转账业务，其内容如图5-2所示。请以制单员的身份在No. 5-4上填制记账凭证。

发出材料汇总表

产品名称：男式夹克

月初在产品1 000件；　　2020年1月14日　　本月投产10 000件

材料名称	计量单位	数量	单价	金额	备注
布料	码	18000	9.80	176 400.00	本月生产产品所需材料已领用完毕，故进行汇总。
商标	枚	10 000	0.10	1 000.00	
拉链	条	10 000	0.40	4 000.00	
合计				181 400.00	

制表人：　　复核人：

图5-2　发出材料汇总

No. 5-4

转 账 凭 证

年　月　日　　总第　号　转第　号

摘　要	会计科目		过账	借方金额									贷方金额								
	总账科目	明细科目		百	十	万	千	百	十	元	角	分	百	十	万	千	百	十	元	角	分
附件　张	合　计																				

会计主管：　　记账：　　审核：　　制单：

2. 福建省晋江大风制衣厂出纳将现金存入银行，具体内容如图5-3所示，请在No. 5-5、No. 5-6上编制记账凭证。

中国工商银行 INDUSTRIAL AND COMMERCIAL BANK OF CHINA　　现金缴款单（回单）

2020 年 1 月 15 日　　NO.4739064

款项来源	罚款及押金	收款单位	全称	福建省晋江市大风制衣厂
解款部门	林华华		账号	350125966124756

人民币（大写）	十	万	千	百	十	元	角	分
叁仟伍佰元整		¥	3	5	0	0	0	0

种类	张数	种类	张数	种类	张数	种类	张数	
一百元	30	五元	0	五角	0	五分	0	中国工商银行晋江市支行 英林分理处 ★ 2020.1.15 ★ 现金收讫　收款
五十元	10	二元	0	二角	0	二分	0	复核
十元	0	一元	0	一角	0	一分	0	

此联由银行盖章退回单位

图 5-3　现金缴款单

（此笔业务为企业本月第 15 笔业务，第 6 笔付款业务、第 8 笔收款业务。）

No. 5-5

付　款　凭　证

贷方科目：　　　　年　　月　　日　　　　总第　　号　付第　　号

摘　要	借方科目		过账	金额									
	总账科目	明细科目		千	百	十	万	千	百	十	元	角	分
附件 1 张	合　　计												

会计主管：　　记账：　　出纳：　　审核：　　制单：

No. 5-6

收　款　凭　证

借方科目：　　　　年　　月　　日　　　　总第　　号　收第　　号

摘　要	贷方科目		过账	金额									
	总账科目	明细科目		千	百	十	万	千	百	十	元	角	分
附件 1 张	合　　计												

会计主管：　　记账：　　出纳：　　审核：　　制单：

二、填制通用记账凭证

久华伞业 2019 年 5 月第 10 笔业务的原始凭证如图 5-4 所示，请在 No. 5-7 上编制通用记账凭证。

借　款　单

日期：2018 年 5 月 8 日　　　　NO：018050815

借款单位或部门：车间员工	借款人：钟东石
借款理由：预借医疗费	
借款数额：人民币（大写）叁仟元整 华蔡印久	¥3000.00 明曾印维
本单位负责人：同意预借 林柳波	会计主管：
出　纳：	付款方式：付现

图 5-4　借款单

No. 5-7

通用记账凭证

年　月　日　　　　记第　号

摘要	会计科目		过账	借方金额									贷方金额								
	总账科目	明细科目		百	十	万	千	百	十	元	角	分	百	十	万	千	百	十	元	角	分
附件　张	合　计																				

会计主管：　　记账：　　出纳：　　审核：　　制单：

子项目 3　会计凭证的传递、装订和保管

一、单项选择题

1. 会计凭证的传递是从取得和填制(　　)开始。

A. 原始凭证　B. 记账凭证　C. 会计凭证　D. 记账凭单

2. 会计凭证的传递时间是指会计凭证在各经办部门或经办人员手中停留的(　　)。

A. 最短时间　B. 最长时间　C. 平均时间　D. 最合适的时间

3. 会计凭证在会计部门保管 1 年，移交给档案部门，最多还要(　　)。

A. 保管 30 年　B. 保管 29 年　C. 保管 30 年　D. 保管 29 年

4. 会计凭证不得(　　)。

A. 外借　B. 复制　C. 查阅　D. 外借、复制和查阅

5. 会计凭证保管期满，可由(　　)提出销毁意见，编制销毁清册。
A. 会计部门　　B. 档案部门会同会计部门
C. 档案部门　　D. 单位负责人

二、多项选择题

1. 关于会计凭证的传递手续的表述中，正确的有(　　)。
A. 是会计凭证在传递过程中的交接手续
B. 正常情况下，交接时双方都签名或盖章，以证明交接行为已发生
C. 要保证会计凭证无论到哪个环节都有人负责
D. 应尽量简化会计凭证的传递手续，压缩会计凭证的传递时间，降低会计凭证的传递成本
2. 关于会计凭证的传递路线的表述中，正确的有(　　)。
A. 正常情况下，路线必须经过所有的环节
B. 凭证传递的先后次序要与业务的实际办理顺序相吻合
C. 凭证跟着业务走，同时还要兼顾各环节的有机联系和相互监督
D. 设置传递线路时，应以成本为优先考量
3. 装订完的会计凭证应在封面上填写单位名称、凭证种类和(　　)。
A. 起止日期
B. 凭证总册数及本册凭证的册数、凭证号数
C. 出纳在封面上签字
D. 财会主管、经办会计、装订人员在封面上签字
4. 从会计年度终了后的第一天算起(　　)。
A. 原始凭证、记账凭证保管期限为 30 年
B. 银行对账单、银行存款余额调节表的保管期限为 10 年
C. 原始凭证、记账凭证保管期限为 15 年
D. 银行对账单、银行存款余额调节表的保管期限为 5 年
5. 不得销毁的会计凭证有(　　)。
A. 保管期满但未结清债权债务的原始凭证
B. 保管期满但还在建设期间的建设项目的原始凭证
C. 保管期满但事项未了的原始凭证
D. 保管期未满的原始凭证

三、判断题

1. 会计人员应重视会计凭证的传递、装订与保管，确保会计凭证的完整与安全。(　　)
2. 正常情况下，一切会计凭证的传递和处理都应在当期完成，不得跨期。(　　)
3. 传递路线是指会计凭证流经各个环节及先后次序。(　　)
4. 会计凭证一般每年装订一次。(　　)
5. 原始凭证不得单独保管，必须附在记账凭证后面。(　　)

项目六 会计账簿

子项目1 账簿概述

【理论题】

一、单项选择题

1. (　　)是账簿的主体部分。

A. 扉页　　B. 目录　　C. 账页　　D. 封面

2. 在(　　)上一般印有"账簿启用及交接表"。

A. 扉页　　B. 目录　　C. 账页　　D. 封面

3. 下列描述中，正确的是(　　)。

A. 三栏式账页，是指在账页上必须设置"数量、单价、金额"三个栏目

B. 多栏式账页，是指账页只设借方或贷方，并在借方或贷方下再开设若干专栏

C. 数量金额式账页，是指在借、贷、余三栏下面，再设"数量、单价、金额"三个专栏

D. 横线登记式账页，在同一账页中记录某一经济业务从发生到结束的有关内容

4. 账簿中的文字、数字不能写满格，一般占格距的(　　)。

A. 1/3　　B. 2/3　　C. 3/4　　D. 1/2

5. 不得使用(　　)登账。

A. 黑色墨水　　B. 蓝黑色墨水　　C. 纯蓝色墨水　　D. 红色墨水

6. 账簿上不是根据记账凭证直接登记的是(　　)。

A. 借方金额栏　　B. 贷方金额栏　　C. 余额栏　　D. 凭证号数栏

7. 需要结计本年累计发生额的，结计过次页的"合计数"应当是(　　)。

A. 从本月初算起到本页末结止　　B. 从本页初算起到本页末结止

C. 从本年初算起到本页末结止　　D. 只将每页余额结转次页

8. 既要在分类账上登记，也要在备查账上登记的明细账有(　　)。

A. 原材料　　B. 银行存款　　C. 实收资本　　D. 应收票据

二、多项选择题

1. 账簿的基本内容包括封面和(　　)。

A. 扉页　　B. 目录　　C. 账页　　D. 封底

2. 账簿按用途分为(　　)。

A. 序时账　　B. 分类账　　C. 备查账　　D. 活页式账

3. (　　)的账簿必须采用订本式。

A. 总分类账　　B. 银行存款日记账

C. 库存现金日记账　　D. 贵重物资的明细账

4. 在画线和(　　)时，可以采用红色墨水。

A. 根据红字记账凭证登账

B. 在只设借方栏或贷方栏的多栏式账簿中登记减少数

C. 未标明余额方向的三栏式账页，在余额栏内登记负数余额

D. 会计制度规定的其他情形

5. 每一账页登记完毕，应当算出本页发生额合计数，结出本页余额(　　)。

A. 写在本页最后一行和下页第一行的金额栏内，在摘要栏内分别写“过次页”和“承前页”

B. 只写在下页第一行有关栏内，在摘要栏注明“承前页”字样

C. 只写在本页最后一行有关栏内，在摘要栏注明“过次页”字样

D. 由会计人员在以上三项中任选一项

6. 登账时，不慎跳行、隔页，可以采用以下方式进行处理的有(　　)。

A. 不允许出现空行、空页，万一出现，可将后面的业务填到空行、空页上

B. 将空行或空页划线注销，并由记账人员在空白处签名或盖章

C. 在空行或空页上注明“此行(或此页)空白”，并由记账人员在空白处签名或盖章

D. 空行划线注销，空页直接撕掉

7. 比较适用卡片式账簿的有(　　)。

A. 固定资产明细账

B. 低值易耗品明细账

C. 实物使用部门、保管部门的实物保管账

D. 库存商品明细账

8. 应收账款明细账，可以采用(　　)的账页。

A. 三栏式　　B. 多栏式　　C. 平行登记式　　D. 数量金额式

三、判断题

1. 账簿是连续、系统、全面、综合地记录会计凭证所反映的经济业务的簿籍，由具有一定格式又相互联结的账页所组成，是企业会计资料的重要载体。(　　)

2. 账簿按外表形式可以分成订本式账簿、活页式账簿、卡片式账簿。(　　)

3. 登记会计账簿是企业进行会计核算的重要方法，会计账簿记载和形成的会计信息是编制会计报表的间接依据。(　　)

4. 债权债务明细账每天至少登记一次。 (　　)

5. 只要没有跨期(月)，登账的间隔时间可以由会计自行决定。 (　　)

6. 无论登记什么账簿，都不得使用铅笔和圆珠笔。 (　　)

7. 如果余额为零，应在“借或贷”栏内写“平”字，并在金额栏内用“Q”表示。 (　　)

8. 记账完毕，应在相应的记账凭证上签名或盖章，并在记账凭证的过账处打“√”或注明账簿页数，表示已登记入账，防止重登、漏记。 (　　)

【业务题】

某小型服装企业刚刚成立，实收资本200万元，向银行借入3年期款项100万元，1年期款项50万元，自有生产车间2个、仓库一座、行政办公大楼一座，向外租用员工宿舍一座；原材料是锦棉布、里布等布料，纽扣、线、拉链等辅料，润滑油、机车油等机物料；还有打包机、封口机等低值易耗品，包装袋、包装箱等包装物，产品是男女童装。请在No. 6-1上为该企业设置账户，确定各类账户应使用哪种格式的账页，购买哪种形式的账簿。

No. 6-1

	账页格式	账簿形式	应开账户
总分类账	三栏式	订本式	
日记账			
明细分类账			
备查账			

子项目2　登记日记账

【理论题】

一、单项选择题

1. (　　)是库存现金日记账、银行存款日记账的记账人员。

A. 一般会计　　B. 出纳　　C. 主办会计　　D. 会计主管人员

2. 库存现金日记账、银行存款日记账上的日期栏登记(　　)。

A. 记账凭证上的日期　　B. 月末日期

C. 出纳实际登账的日期　　D. 从以上三项中任选一项

3. (　　)不是银行存款日记账的登账依据。

A. 企业的银行结算凭证　　B. 银行存款的收(付)款凭证

C. 库存现金收款凭证　　D. 库存现金付款凭证

二、多项选择题

1. 库存现金日记账、银行存款日记账可以采用(　　)。

A. 三栏式账页　　B. 多栏式账页

C. 横线登记式账页　　D. 数量金额式账页

2. 库存现金日记账根据(　　)登记。

A. 库存现金收款凭证　　B. 库存现金付款凭证

C. 银行存款收款凭证　　D. 银行存款付款凭证

3. (　　)属于特种日记账。

A. 日记总账　　B. 会计分录簿

C. 库存现金日记账　　D. 银行存款日记账

三、判断题

1. 库存现金日记账应按单笔经济业务发生的先后顺序，逐日逐笔进行登记。(　　)

2. 每日终了，出纳根据库存现金日记账的记录结出当天余额，并与实际库存现金核对相符，这就是库存现金的日清。(　　)

3. 每日终了，出纳根据银行存款日记账的记录结出当天余额，并到银行与实际存款余额核对相符，这就是银行存款的日清。(　　)

【业务题】

一、库存现金日记账登记

政和白茶有限公司 2020 年第 1 页“库存现金日记账”的最后一行如图 6-1 所示。

库存现金日记账　　第 1 页

2020年		凭证	票据	摘要	借方金额								核	贷方金额								余额							
月	日	号数	号数		十	万	千	百	十	元	角	分	对	十	万	千	百	十	元	角	分	十	万	千	百	十	元	角	分
1	1			上年结转																				3	0	0	0	0	0
1	18	付 9	收费单 1901228	付职工药费													7	5	0	0	0			2	0	4	0	0	0
1	18			过次页			6	0	0	0	0	0				6	9	6	0	0	0			2	0	4	0	0	0

图 6-1　库存现金日记账

1 月 19 日，政和白茶有限公司发生下列与库存现金有关的经济业务：

(1)用现金支付购买办公用品的费用 600 元(普通发票号码：902337)，办公用品交付生产车间使用，当日填制第 10 号现金付款凭证如下：

借：制造费用——办公费　　600.00
　　贷：库存现金　　600.00

(2)支付职工马可的差旅费 1 300 元，当日编制第 11 号现金付款凭证如下：

借：管理费用——差旅费　　1 300.00
　　贷：库存现金　　1 300.00

(3)从开户银行提取备用金 2 500 元(现金支票号码：00191083)，当日编制第 18 号银行存款付款凭证如下：

借：库存现金　　2 500.00
　　贷：银行存款　　2 500.00

(4)收到供应商退还的包装物押金 500 元(收款收据编号：19012201)，当日编制第 7 号现金收款凭证如下：

借：库存现金　　500.00
　　贷：其他应收款——某供应商　　500.00

请根据以上资料在该企业 2020 年第 2 页“库存现金日记账”(No. 6-2)上登记有关现金日记账。

No. 6-2

库存现金日记账　　　　第 2 页

2020年		凭证号数	票据号数	摘要	借方金额								核对	贷方金额								余额							
月	日				十	万	千	百	十	元	角	分		十	万	千	百	十	元	角	分	十	万	千	百	十	元	角	分
				本日合计																									

二、银行存款日记账登记

2020 年 1 月 21~23 日，政和白茶有限公司发生下列与银行存款有关的经济业务：

1. 1 月 21 日，从开户银行提取备用金 2 500 元(现金支票号码：00191083)，当日编制第 18 号银行存款付款凭证(略)。

2. 1 月 22 日，转账支付前欠甲公司的货款 234 000 元(转账支票号码：14206179)，当日编制第 19 号银行存款付款凭证(略)。

3. 1 月 23 日，销售材料一批，收到转账支票一张(号码：14306198)，立即填进账单，将款项75 400元存入企业的银行账户，当日编制银行存款第 15 号收款凭证(略)。

请根据以上资料在 No. 6-3 上登记银行存款日记账。

No. 6-3

银行存款日记账

20年		凭证号数	摘要	结算凭证		借方金额								核对	贷方金额								余额							
月	日			种类	编号	十	万	千	百	十	元	角	分		十	万	千	百	十	元	角	分	十	万	千	百	十	元	角	分
1	20	(略)	承前页	(略)	(略)																		3	5	0	0	0	0	0	0

子项目 3　登记分类账簿

【理论题】

一、单项选择题

1. 分类账簿按(　　)分为总分类账簿和明细分类账簿。

A. 所反映经济内容的详细程度　　B. 登账所采用的方法和手续

C. 所反映经济内容的金额大小　　D. 所反映经济业务的性质

2. 不得登记总分类账、明细分类账的人员是(　　)。

A. 会计主管人员　　B. 会计机构负责人

C. 主办会计　　D. 出纳

3. 明细分类账和总分类账都会采用的账页格式是(　　)。

A. 三栏式　　B. 数量金额式

C. 横线登记式　　D. 平行式

4. (　　)账页将属于同一总账下的各个明细科目集中在一张账页上进行登记。

A. 三栏式　　B. 数量金额式　　C. 横线登记式　　D. 多栏式

5. 可以逐日逐笔登记也可以定期汇总登记的明细账有(　　)。

A. 固定资产　　B. 应收账款　　C. 应付账款　　D. 原材料

6. 平行登记的核对平行登记的结果正确与否，可以利用(　　)的关系进行核查。

A. 总账的借方与贷方在金额上　　B. 明细账的借方与贷方在金额上

C. 总账与明细账在金额上　　D. 账户之间的对应

二、多项选择题

1. 有关总分类账，下列表述中，正确的有(　　)。

A. 总分类账采用订本式的　　B. 库存商品的总分类账采用数量金额式账页

C. 原材料的总分类账采用三栏式账页　D. 材料采购的总分类账采用三栏式账页

2. 登记总账的依据是审核无误的(　　)。

A. 记账凭证　　B. 科目汇总表

C. 汇总记账凭证　　D. 原始凭证

3. 三栏式明细账不设数量栏，只设借方、贷方、余额三个金额栏，适用(　　)账户。

A. 主营业务收入等损益类　　B. 应(预)收和应(付)等结算类

C. 所有的总分类账　　D. 所有的明细分类账

4. 明细分类账的登记依据是审核无误的(　　)。

A. 原始凭证　　B. 汇总原始凭证或原始凭证汇总表

C、记账凭证　　D. 记账凭证汇总表或汇总记账凭证

5. 关于总分类账和明细分类账的关系，下列表述中，正确的有(　　)。

A. 总账是所属明细账的统驭账户　　B. 明细账是某一总账的从属账户

C. 总账对明细账起着控制作用　　D. 明细账对总账起着补充作用

6. 平行登记的要点有(　　)。

A. 依据相同：登记总账和登记明细账的依据一模一样

B. 方向相同：总账记入借(贷)方，明细账也要记入借(贷)方

C. 期间相同：总账和明细账的登记时间要在同一会计期间

D. 金额相等：每一项经济业务记入总账的金额要等于记入所属明细账金额之和

三、判断题

1. 分类账是对企业全部经济业务进行分类登记，提供分类核算指标的账簿。　(　　)

2. 总分类账提供的核算资料，是编制会计报表的主要依据，任何单位都必须设置总分类账。　(　　)

3. 科目汇总表也叫记账凭证汇总表，用来登记总账，会增加登记总账的工作量。(　　)

4. 明细分类账簿的外表形式主要采用活页式，也有卡片式。　(　　)

5. 登记明细账的同时必须同时登记总账，不得有先有后。　(　　)

6. 平行登记就指对每一项经济业务，既要在有关总分类账户中进行总括登记，也要在其所属的明细分类账户中进行明细登记。　(　　)

【业务题】

新艺服饰(小企业)采用记账凭证账务处理程序，根据记账凭证逐笔登记总账，2020 年 3 月上旬，该企业有关经济业务如下：

3 月 2 日，从海源布料公司购入材料，取得增值税专用发票(略)等单据，材料尚未验收入库，款项也尚未支付，根据审核无误的单据编制第 1 号记账凭证(以分录代替)如下：

借：在途物资——海源布料(锦棉布)	40 000. 00	
——海源布料(里 布)	10 000. 00	
应交税费——应交增值税(进项税额)	6 500. 00	
贷：应付账款——海源布料		56 500. 00

3 月 4 日，从江苏吴江布行公司购入锦棉布，取得增值税专用发票(略)等单据，材料尚未验收入库，款项也未支付，根据审核无误的单据编制第 2 号记账凭证(以分录代替)如下：

借：在途物资——吴江布行(胶磨毛)	29 400. 00	
应交税费——应交增值税(进项税额)	3 822. 00	
贷：应付账款——吴江布行		33 222. 00

3 月 6 日，从海源公司购买的布料验收入库，根据审核无误的收料单(见图 6-2)编制第 3 号记账凭证(以分录代替)如下：

借：原材料——锦棉布	40 000. 00	
——里布	10 000. 00	
贷：在途物资——海源布料(锦棉布)		40 000. 00
——海源布料(里布)		10 000. 00

收　料　单

供应单位：海源公司　　2020 年 3 月 6 日　　收料仓库：第 2 号仓库

发票号码：3502800　　收料单号：1019306

编号	类别	名称及规格	单位	数量		实际成本				备注
				应收	实收	买价		采购费用	合计	
						单价	金额			
A01	主料	锦棉布	码	5 000	5 000	8.00	40 000		40 000	
A05	主料	里布	码	5 000	5 000	2.00	10 000		10 000	

采购员：蔡 汉　　检验员：张笑强　　记账员：　　保管员：马天宇

图 6-2　收料单(海源公司)

3 月 7 日，转账支付海源公司的款项，根据审核无误的银行结算单据(略)编制第 4 号记账凭证(以分录代替)如下：

借：应付账款——海源布料　　56 500. 00
　　贷：银行存款　　56 500. 00

3 月 8 日，从吴江布行购买的布料验收入库，根据审核无误的收料单(见图 6-3)编制第 5 号记账凭证(以分录代替)如下：

借：原材料——胶磨毛　　29 400. 00
　　贷：在途物资——吴江布行(胶磨毛)　　29 400. 00

收　料　单

供应单位：吴江布行　　2020 年 3 月 8 日　　收料仓库：第 2 号仓库

发票号码：3240731　　收料单号：1019307

编号	类别	名称及规格	单位	数量		实际成本				备注
				应收	实收	买价		采购费用	合计	
						单价	金额			
A02	主料	胶磨毛	码	3 000	3 000	9.80	29 400		29 400	

采购员：蔡　汉　　检验员：张笑强　　记账员：　　保管员：马天宇

图 6-3　收料单(吴江布行)

3 月 9 日，转账支付前欠吴江布行的款项，根据审核无误的银行结算单据(略)编制第 6 号记账凭证(以分录代替)如下：

借：应付账款——吴江布行　　33 222. 00
　　贷：银行存款　　33 222. 00

3 月 10 日，生产车间从第 1 号仓库领用材料，投入产品生产。会计根据审核无误的领料单(见图 6-4)编制了第 7 号记账凭证(以会计分录代替)如下：

借：生产成本——男夹克　　75 300. 00
　　贷：原材料——锦棉布　　50 400. 00
　　　　　　　——胶磨毛　　14 700. 00
　　　　　　　——里布　　10 200. 00

领料单							
发料仓库：第1号仓			2020年3月9日			领料单编号：201579	
编号	类别	品名规格	单位	数量		实际成本	
				请领	实领	单价	金额
A01	主料	锦棉布	码	6 300	6 300	8.00	50 400.00
A02	主料	胶磨毛	码	1 500	1 500	9.80	14 700.00
A09	主料	里布	码	5 100	5 100	2.00	10 200.00
用途	生产男茄克2160件		合计	—	—	—	75 300.00
主管：李达康		发料：马天宇		领料：陈诚品		制单：陈诚品	

图6-4 领料单（第1号仓）

1. 根据记账凭证及所附原始凭证，在No. 6-4～No. 6-10上登记“在途物资、原材料、应付账款，应交税费——应交增值税”的明细账（日记账以及其他明细账略）。

No. 6-4

在途物资明细分类账

序号	供货单位	规格名称	借方发生额						贷方发生额				
			年		凭证号数	买价	采购费用	合计	年		凭证号数	采购成本	转销
			月	日					月	日			

No. 6-5

物资明细账

最低储备量 960

最高储备量 9 600

存放地点：1号仓库

名称及规格	锦棉布		
页数		计量单位	码

20年		凭证号数	摘要	借（收入）方			核对号	贷（发出）方			结存		
月	日			数量	单价	金额		数量	单价	金额	数量	单价	金额
3	1		承前页								2 500	8.00	20 000 00

No. 6-6

物资明细账

最低储备量 640
最高储备量 6 400
存放地点：1 号仓库

名称及规格	里　布		
页　数		计量单位	码

2020年		凭证号数	摘　要	借（收入）方			核对号	贷（发出）方			结　存		
月	日			数量	单价	金额		数量	单价	金额	数量	单价	金额
3	1		承前页								2 000	2.00	4 000 00

No. 6-7

物资明细账

最低储备量 320
最高储备量 3 200
存放地点：1 号仓库

名称及规格	胶磨毛		
页　数		计量单位	码

2020年		凭证号数	摘　要	借（收入）方			核对号	贷（发出）方			结　存		
月	日			数量	单价	金额		数量	单价	金额	数量	单价	金额
3	1		承前页								100	9.80	980 00

No. 6-8

应交税费——应交增值税

第　　页

2020年		凭证号数	摘　要	借方金额			核对号	贷方金额			借或贷	余　额
月	日			合　计	进项税额	已交税金		合　计	销项税额	进项转出		

No. 6-9

明细分类账

科　目：应付账款——海源布料　　　　第　　页

2020年		记账凭证		摘　要	借方金额									核对号	贷方金额									借或贷	余　额								
月	日	种类	号数		百	十	万	千	百	十	元	角	分		百	十	万	千	百	十	元	角	分		百	十	万	千	百	十	元	角	分

No. 6-10

明细分类账

科 目：应付账款——吴江布行　　　　第　　页

2020年		记账凭证		摘要	借方金额									核对号	贷方金额									借或贷	余额								
月	日	种类	号数		百	十	万	千	百	十	元	角	分		百	十	万	千	百	十	元	角	分		百	十	万	千	百	十	元	角	分
3	1			前承页																				借					7	0	2	0	0

2. 根据记账凭证在 No. 6-11～No. 6-16 上逐笔登记总账。

No. 6-11

总分类账

科 目：银行存款　　　　第　　页

2020年		记账凭证		摘要	借方金额									核对号	贷方金额									借或贷	余额								
月	日	种类	号数		百	十	万	千	百	十	元	角	分		百	十	万	千	百	十	元	角	分		百	十	万	千	百	十	元	角	分
3	1			前承页																				借		9	9	9	5	4	0	0	0

No. 6-12

总分类账

科 目：在途物资　　　　第　　页

2020年		记账凭证		摘要	借方金额									核对号	贷方金额									借或贷	余额								
月	日	种类	号数		百	十	万	千	百	十	元	角	分		百	十	万	千	百	十	元	角	分		百	十	万	千	百	十	元	角	分

No. 6-13

总分类账

科 目：原材料　　　　第　　页

2020年		记账凭证		摘要	借方金额									核对号	贷方金额									借或贷	余额								
月	日	种类	号数		百	十	万	千	百	十	元	角	分		百	十	万	千	百	十	元	角	分		百	十	万	千	百	十	元	角	分
3	1			承前页																							2	4	9	8	0	0	0

No. 6-14

分类账

科 目：应交税费　　　　第　　页

2020年		记账凭证		摘要	借方金额									核对号	贷方金额									借或贷	余额								
月	日	种类	号数		百	十	万	千	百	十	元	角	分		百	十	万	千	百	十	元	角	分		百	十	万	千	百	十	元	角	分

No. 6-15

分类账

科 目：生产成本　　　　第　　页

2020年		记账凭证		摘要	借方金额									核对号	贷方金额									借或贷	余额								
月	日	种类	号数		百	十	万	千	百	十	元	角	分		百	十	万	千	百	十	元	角	分		百	十	万	千	百	十	元	角	分

No. 6-16

总分类账

科 目：应付账款　　　　第　页

2020年		记账凭证		摘要	借方金额									核对号	贷方金额									借或贷	余额								
月	日	种类	号数		百	十	万	千	百	十	元	角	分		百	十	万	千	百	十	元	角	分		百	十	万	千	百	十	元	角	分
3	1			承前页																				借					7	0	2	0	0

在 No. 6-17、No. 6-18 中核对平行登记的结果是否正确。

No. 6-17

原材料明细账本期发生额及余额表

会计期间：2020 年　月　日至　日

明细账名	期初余额		本期发生额		期末余额	
	借方	贷方	借方	贷方	借方	贷方
锦棉布						
里　布						
胶磨毛						
合　计						

No. 6-18

应付账款明细账本期发生额及余额表

会计期间：2020 年　月　日至　日

明细账名	期初余额		本期发生额		期末余额	
	借方	贷方	借方	贷方	借方	贷方
海源布料						
吴江布行						
合　计						

子项目4　试 算 平 衡

【理 论 题】

一、单项选择题

1. 试算平衡的理论依据是(　　)

A. 资产=负债+所有者权益　　B. 收入-费用=利润

C. 权责发生制　　D. 收付实现制

2. 发生额平衡包括(　　)

A. 每笔会计分录的借方金额=每笔会计分录的贷方金额

B. 全部账户期末余额的借方合计数=全部账户的期末余额的贷方合计数

C. 某一账户的本期借方发生额等于某一账户的本期贷方发生额

D. 全部账户期初余额的借方合计数=全部账户的期初余额的贷方合计数

二、多项选择题

1. 试算平衡无法发现的错误有(　　)。

A. 方向记反，如一个简单的会计分录，将借方科目记入贷方，将贷方科目记入借方

B. 重复登记某项经济业务的会计分录或漏记某项经济业务的会计分录

C. 科目用错，如将“应收票据”(正确科目)写成了“应付票据”(错误科目)

D. 借方和贷方同时多记(或同时少记)相同的金额

2. 试算平衡表具有的功用有(　　)。

A. 检查账簿记录是否错误

B. 提供企业经营概况

C. 期末结账前的试算平衡表，可以提供结账工作底稿的资料

D. 结账后的试算平衡表则可以提供编制资产负债表、利润表的数字资料

三、判断题

1. 试算不平衡，表明登账过程必有错误，试算平衡了，也不代表账务处理绝对正确。(　　)

2. 试算平衡表也是企业的正式报表。(　　)

【业 务 题】

2020年1月1日至2020年1月10日，福建水仙伞业有限公司，发生十笔业务，编制记账凭证(以会计分录代替)如下：

第 1 号凭证

借：管理费用	800.00
制造费用	200.00
贷：库存现金	1 000.00

第 2 号凭证

借：生产成本——甲产品	350 000.00
贷：原材料——A	350 000.00

第 3 号凭证

借：生产成本——乙产品	250 000.00
贷：原材料——B	250 000.00

第 4 号凭证

借：制造费用——物料费	6 000.00
管理费用——物料费	1 000.00
贷：原材料——C	7 000.00

第 5 号凭证

借：银行存款	565 000.00
贷：主营业务收入——甲产品	500 000.00
应交税费费——应交增值税(销项税额)	65 000.00

第 6 号凭证

借：原材料——A	300 000.00
应交税费——应交增值税(进项税额)	39 000.00
贷：银行存款	339 000.00

第 7 号凭证

借：库存现金	2 000.00
贷：银行存款	2 000.00

第 8 号凭证

借：原材料——B	100 000.00
应交税费——应交增值税(进项税额)	13 000.00
贷：银行存款	113 000.00

第 9 号凭证

借：银行存款	226 000.00
贷：主营业务收入——乙产品	200 000.00
应交税费——应交增值税(销项税额)	26 000.00

第 10 号凭证

借：其他应收款—张子善	1 500.00
贷：库存现金	1 500.00

1. 根据第 1 号到第 10 号凭证，登记 T 形账，结出本期发生额合计(如果本期发生额只有一笔，可以不计算合计数)。

库存现金

银行存款

管理费用

制造费用

生产成本

原材料

主营业务收入

应交税费

其他应收款

2. 根据 T 形账的登记结果，在 No. 6-19 上登记各账户的本期发生额以及计算出本期发生额合计数、计算各账户的期末余额以及期末余额合计数。

No. 6-19

试算平衡表

单位名称：笑艺公司

账户名称	期初余额		本期发生额		期末余额	
	借方	贷方	借方	贷方	借方	贷方
库存现金	2 000					
银行存款	100 000					
其他应收款						
原材料	650 000					
库存商品	500 000					
制造费用						
生产成本						
固定资产	800 000					
累计折旧		250 000				
短期借款		150 000				
应交税费		52 000				
主营业务收入						
管理费用						
实收资本		1200 000				
利润分配		400 000				
合　　计	2 052 000	2 052 000				

子项目5 错账更正

【理论题】

一、单项选择题

1. 如果金额差错是角的，可以只查找(   )以下的数字。

A. 元　　B. 角　　C. 分　　D. 十位

2. 下列错误用除9法无法发现(   )。

A. 18(正确)写成81(错误)　　B. 25(正确)写成250(错误)

C. 900(正确)写成100(错误)　　D. 25(正确)写成52(错误)

3. 采用划线更正法，下列步骤中，正确的是(   )。

A. 写错文字，要划掉包含错误文字的全部文字

B. 写错数字，只划写错的数字

C. 用红笔将正确数字写在错误数字上方的空白处

D. 记账人员在更正处签章

二、多项选择题

1. 错账查找方法有(   )。

A. 差额法　　B. 除2法　　C. 除9法　　D. 尾数法

2. 如果凭证与账簿同时少记金额，无其他错误，可以采用(   )进行更正。

A. 划线更正法　　B. 补充登记法

C. 红字冲销法　　D. 刮擦、挖补、涂改等方法

3. 下列错误中，应采用红字冲销法更正的是(   )。

A. 凭证正确，登账时将500元写成5 000元

B. 凭证与账簿同错，将500元写成5 000元

C. 凭证与账簿同错，将5 000元的银行存款写成500元的库存现金

D. 凭证与账簿同错，将“应收账款”写成“预收账款”

三、判断题

1. 如果记账出现了差错，首先要找出差错，然后进行更正。(   )

2. 将某项经济业务的借方金额1 000元漏记了，可用除2法查找。(   )

3. 如果同时犯两种及以上的错误，应采用红字冲销法更正。(   )

【业务题】

一、划线更正法

某企业2020年2月5日转账支付前欠货款11 700元，编制第2号银行付款凭证如下所示。并进行登账。

借：应付账款——甲供应商　　11 700. 00
　　贷：银行存款　　11 700. 00

后经审核，记账凭证无误，银行存款日记账也无误，但应付账款明细账登错了，如图6-5所示，请同学进行错账更正。

明细分类账

科　目：应付账款——甲供应商　　　　第　　页

2020年		记账凭证		摘　要	借方金额								核对号	贷方金额								借或贷	余　额							
月	日	种类	号数		十	万	千	百	十	元	角	分		十	万	千	百	十	元	角	分		十	万	千	百	十	元	角	分
2	4			承前面									√									贷		1	1	7	0	0	0	0
2	5	银付	2	支付前欠货款		1	7	1	0	0	0	0										平						0		

图6-5　明细分类账

二、红字冲销法

红字冲销法也叫红字冲账法。

1. 某企业2020年5月9日，转账收到甲客户归还的前欠销货款30 000元，编制第9号记账凭证(会计分录代替凭证)，并已入账(用T形账代替真账)。

借：银行存款　　3 000. 00
　　贷：应收账款——乙　　3 000. 00

银行存款(日记账)	
3 000. 00	

应收账款——乙	
	3 000. 00

应收账款——甲	

更正过程：

(1)编制冲销错误记录的记账凭证并登账(直接登在T账上)。

摘要
借：
　　贷：

(2)用蓝字编制正确的会计分录并登账可直接登在“T”形账上。

摘要：
借：
　　贷：

2. 某企业从 2020 年 5 月 30 日提取短期借款(用来补充流动资金)利息 1 200 元，编制第 15 号记账凭证(用会计分录代替)并入账。

借：财务费用　　12 000.00
　　贷：应付利息　　12 000.00

财务费用	
12 000.00	

应付利息	
	12 000.00

更正过程展：
编制冲销多记金额的记账凭证并登账

摘要：

三、补充登记法

某公司于 2020 年 6 月 1 日转账收到教育费附加返还款 8 000 元，编制第 11 号记账凭证(以会计分录代替)并入账(以 T 账代替)。

借：银行存款　　800.00
　　贷：营业外收入　　800.00

银行存款	
800.00	

营业外收入	
	800.00

更正过程：
编制“补充金额”的记账凭证并登账。

摘要：
借：
　　贷：

子项目6　对账和结账

【理论题】

一、单项选择题

1.(　　)核对，一般通过财产清查来完成。

A. 账证　　B. 账账　　C. 账实　　D. 账表

2. 下列属于账实核对的有(　　)。

A. 全部总分类账户的本期发生额及期末余额试算平衡

B. 总账与明细账核对相符、总账与日记账核对相符

C. 会计财产物资明细账与财产物资使用保管部门明细账核对相符

D. 银行存款日记账与银行对账单核对相符

3. 在新账簿首页账页的第一行，其“摘要”栏，填入(　　)。

A. “期初余额”　　B. “上年结转”　　C. “过次页”　　D. “承前页”

4. 年度终了，旧账要集中送交(　　)统一管理。

A. 主办会计　　B. 会计机构负责人

C. 会计主管人员　　D. 总账会计

二、多项选择题

1. 下列属于账实核对的有(　　)。

A. 应收账款明细账与客户的应付账款明细账核对相符

B. 应付账款明细账与供应商提供的对账单核对相符

C. 各种财产物资明细账账面余额与该项财产物资实际结存数核对相符

D. 库存现金日记账每日余额与当日现金实际结存数核对相符

2. 对不需按月结计本期发生额的账户，结账方法有(　　)。

A. 每次记账后都要随时结出余额

B. 每月最后一笔经济业务记录完毕，在同一行结出当月最后一笔余额即为月末余额

C. 在当月最后一笔经济业务下划通栏单红线，不需再次结计余额

D. 在当月最后一笔经济业务记录下面划通栏单红线，结出本月发生额和余额，在摘要栏内注明“本月合计”的字样，并在下面划通栏单红线。

3. 对账的目的是确保(　　)相符。

A. 账证　　B. 账账　　C. 账实　　D. 账表

4. 账簿的更换通常在新会计年度建账时进行，(　　)应当每年更换一次。

A. 总账　　B. 银行存款日记账

C. 应收账款明细账　　D. 经营租入固定资产备查账

三、判断题

1. 对账就是核对一个会计期间的交易信息，以确认其一致性和正确性的过程。（　　）
2. 账证核对仅仅指将账簿记录与记账凭证相核对。（　　）
3. 结账就是在一定时期的经济业务已经全部登记入账的基础上，经核对无误后，结出各种账簿的本期发生额及期末余额，为编制会计报表提供依据。（　　）
4. 会计账簿在年度终了，暂时由财务部门保管 3 年，期满之后，编制移交清册，送交本单位档案部门保管。（　　）

【业务题】

“应付账款——吴江布行”2020 年的全年累计如图 6-6 所示。

明细分类账

账户名称：应付账款——吴江布行

2020年		凭证号	摘要	借方金额									贷方金额									借僅贷	余额								
月	日			百	十	万	千	百	十	元	角	分	百	十	万	千	百	十	元	角	分		百	十	万	千	百	十	元	角	分
			上年结转																			贷				8	0	0	0	0	0
			全年累计		6	9	5	0	0	0	0	0		7	0	0	8	0	0	0	0	贷			1	3	8	0	0	0	8
			结转下年																												

图 6-6　明细分类账

根据图 6-6 的资料，在 No. 6-20 上建新账。

No. 6-20

明细分类账

账户名称：

2020年		凭证号	摘要	借方金额									贷方金额									借僅贷	余额								
月	日			百	十	万	千	百	十	元	角	分	百	十	万	千	百	十	元	角	分		百	十	万	千	百	十	元	角	分

项目七 财产清查

子项目1 财产物资的盘存制度

【理论题】

一、单项选择题

1. 账实不符最常见的情形是(　　)。

A. 有账无实　　B. 账实不匹配

C. 有实无账　　D. 无正确选项

2. 下列情形适用于全面清查的是(　　)。

A. 出纳每日清点现金，并与现金日记账核对相符，日清月结

B. 保管人员调动时对所保管的财产物资要进行临时清查

C. 原材料、在产品、库存商品等流动性较大的财产物资根据需要进行重点抽查

D. 企业更换主要负责人所进行的清查

3. 既是不定期清查又是全面清查的是(　　)。

A. 财产物资的经管人员如出纳、仓库保管员等发生变动时清查

B. 企业编制年度财务报告前进行的财产清查

C. 单位兼并、破产、改制和改变隶属关系时所进行的财产清查

D. 财政、审计、税务等部门进行会计检查时进行的清查

4. 关于财产清查的频率，下列表述中，正确的是(　　)。

A. 银行存款每个季度应与银行核对1次

B. 贵重物资每月至少盘点1次，并与实物账目核对

C. 债权债务每季至少与对方核对1~2次

D. 库存现金每周至少清点一次，并与现金日记账核对相符

5. 实地盘存制的计算公式是(　　)。

A. 本期发出数=期初账面结存数+本期增加数-期末账面结存数

B. 期末账面结存数=期初账面结存数+本期增加数-本期发出数

C. 期初账面结存数=期末账面结存数-本期增加数+本期发出数

D. 本期增加数=期末账面结存数-期初账面结存数+本期发出数

6. 采用实地盘存制，平时在账簿上(　　)。

A. 只登记增加　　B. 既登记增加也登记减少

C. 只登记减少　　D. 不登记增加也不登记减少

二、多项选择题

1. 账实不符的原因有管理不善以及(　　)等。

A. 自然损耗或自然溢余　　B. 贪污盗窃、非法侵占、营私舞弊

C. 记账时漏记、重记、错记　　D. 自然灾害、人为(有意或无意)灾害

2. 未达账项可能导致(　　)等暂时性的账实不符。

A. 库存现金　　B. 银行存款

C. 在制品　　D. 往来款项

3. 财产清查按对象和范围可分为(　　)。

A. 全面清局　　B. 定期清查

C. 不定期清查　　D. 局部清查

4. 外部清查一般由(　　)进行。

A. 上级主管部门　　B. 审计机关

C. 司法部门　　D. 注册会计师

5. 财产清查盘存制度包括(　　)。

A. 永续盘存制　　B. 实地盘存制

C. 实收实付制　　D. 应收应付制

6. 永续盘存制的优点是(　　)。

A. 可以随时掌握财产物资的增减及结存情况

B. 有利于加强对财产物资的管理，确保财产物资的安全

C. 简化了财产物资明细账的核算工作

D. 相对而言：耗用人力较少，工作量较小

三、判断题

1. 财产清查是确定某一时点财产物资实存数，并查明账存数与实存数是否相符的一种会计核算方法。(　　)

2. 应付账款不是企业的财产，所以不需要清查。(　　)

3. 全面清查就是对企业的资产和权益进行全面、彻底的盘点、核对。(　　)

4. 定期清查可能是全面清查，也可能是局部清查；不定期清查都是局部清查。(　　)

5. 大多数的财产清查都是外部清查。(　　)

6. 财产物资的盘存制度是指会计在日常核算中，通过账面盘存或实地盘存来确定财产物资账面结存情况的制度。(　　)

【业务题】

下列财产物资中，哪些要采用永续盘存制？哪些可以采用实地盘存制？

1. 超市的苹果
2. 金店的金银珠宝
3. 建筑工地上的沙子
4. 菜市场上的猪肉、牛肉、羊肉、鱼肉
5. 服装厂生产服装使用的布料
6. 汽车厂生产的汽车

子项目2 财产清查方法

【理论题】

一、单项选择题

1. (　　)属于财产清查的业务准备。

A. 成立清查领导小组，配好清查人员

B. 做好财产清查的具体实施方案

C. 财产清查前对各种度量衡的器具进行严格检查，以保证计量准确可靠

D. 对财产物资的清查实行全程监督，及时上报清查结果及处理意见

2. 关于清查人员，下列表述中，正确的有(　　)。

A. 由清查领导小组派出的清查人员单独完成财产物资或库存现金的清查工作

B. 由财产物资保管人员单独承担财产物资的清查工作

C. 由清查领导小组派出的清查人员和财产物资的保管人员或出纳共同承担清查工作

D. 由出纳单独承担库存现金的清查工作

3. (　　)是企业可以使用的银行存款实有数。

A. 银行对账单调节前的余额　　B. 银行存款日记账调节前的余额

C. 调节相符后的银行存款余额　　D. 无正确选项

4. 企业的大部分实物，采用(　　)进行财产清查。

A. 实地盘点法　　B. 技术推算盘点法

C. 物理或化学的方法　　D. 永续盘存法

5. 所谓的坐支是指出纳(　　)。
A. 从银行提取现金　　B. 将收到的现金直接用于支出
C. 将收到的现金存入银行　　D. 直接使用限额内的库存现金
6. 如果是(　　)造成的账实不符，则通过编制“银行存款余额调节表”进行调节。
A. 重记　　B. 漏记
C. 错记　　D. 未达账项造成

二、多项选择题

1. 企业财产清查的范围，包括(　　)等。
A. 本单位的全部资产　　B. 本单位为其他单位和个人代管的财产物资
C. 本单位的全部负债　　D. 本单位的全部所有者权益
2. 财产清查的方法有(　　)。
A. 实地盘点法　　B. 技术推算盘点法
C. 物理或化学的方法　　D. 永续盘存法
3. 可以作为记账凭证编制依据的原始凭证是(　　)。
A. 盘存单　　B. 账存实存对比表
C. 库存现金盘点表　　D. 银行对账单
4. 在现金的清查过程中，下列做法正确的是(　　)。
A. 清点现金，确定库存现金实存数
B. 不得以收款收据、借据等白条充抵现金
C. 收款收据、借据等只要有领导签字就可以充抵现金
D. 清点时应注意库存现金有无超过限额
5. (　　)要在盘存单上签字或盖章确认。
A. 清点人员　　B. 保管人员
C. 主办会计　　D. 单位负责人
6. (　　)致使企业银行存款日记账调节前的余额大于银行对账单调节前的余额。
A. 企业已经登记增加，开户行没收到结算凭证尚未登记增加
B. 企业已经登记减少，开户行没收到结算凭证尚未登记减少
C. 开户行已经登记增加，企业没收到结算凭证尚未登记增加
D. 开户行已经登记减少，企业没收到结算凭证尚未登记减少

三、判断题

1. 至清查日止，会计应将所有财产物资收发凭证全部入账，算出账面结存数，确保证账相符，财产物资的总账与明细账相符。(　　)
2. 库存现金清查的方法是实地盘点法。(　　)
3. 清查前应准备好各种记录表单，供清查盘点之用，保证清查顺利进行。(　　)
4. 技术推算盘点法适用于量大价低、成堆笨重实物的盘点。(　　)

5. 银行存款清查的方法是账项核对。 (　　)

6. 企业只有收到未达账项的结算凭证，才能按规定调整银行存款的账面记录。(　　)

【业务题】

1. 大地服装厂 2020 年 1 月 30 日盘点了 1 号仓库，结果如下：A01 号锦棉布 5 000 码，单价 10.00 元；A02 号胶磨毛 1 500 米，单价 9.60 元；A03 号里布 4 000 码，单价 1.01 元。请你以盘点人员郑重的身份，在 No. 7-1 上编制盘存单(同桌可以担任实物保管人)。

No. 7-1

盘　存　单　　编　号：01901

财产类别　　年　月　日　　存放地点

编 号	名称规格	计量单位	数量	单价	金额	备注

盘点人(签章)：　　实物保管人(签章)：

2. 大地服装厂 2020 年 1 月 30 日，会计的"物资明细账"显示：A01 号锦棉布 4 990 码；A02 号胶磨毛 1 505 米；A03 号里布 4 040 码。请以制表人的身份在 No. 7-2 上编制"账存实存对比表"。

No. 7-2

账存实存对比表

年　月　日　　编号：

编 号	名称规格	计量单位	单价	实际盘存		账面盘存		盘盈		盘亏	
				数量	金额	数量	金额	数量	金额	数量	金额

会计主管(签章)：　　复核：(签章)　　制表(签章)：

3. 2020 年 1 月 31 日，万图软件公司出纳与开户银行核对 1 月 21 日~1 月 31 日的账目，如图 7-1、图 7-2 所示。

银行存款对账单

2020年		结算凭证号码	摘要	借方金额									贷方金额									余额								
月	日			百	十	万	千	百	十	元	角	分	百	十	万	千	百	十	元	角	分	百	十	万	千	百	十	元	角	分
1	20	(略)	(略)																				4	6	6	0	0	0	0	0
1	21	现金支票 191091	提取现金				3	0	0	0	0	0											4	6	3	0	0	0	0	0
1	22	电汇凭证 2934708	收回货款												5	4	0	0	0	0	0		5	1	7	0	0	0	0	0
1	25	电汇凭证 9037081	归还货款			4	6	8	0	0	0	0											4	7	0	2	0	0	0	0
1	30	委托收款 650519	支付水费				3	5	0	0	0	0											4	6	6	7	0	0	0	0
1	30	电汇凭证 315902	预收购货款											1	0	0	0	0	0	0	0		5	6	6	7	0	0	0	0

中国工商银行晋江支行金井营业部 2019 年 1 月 31 日

图 7-1　银行存款对账单

银行存款日记账

2020年		凭证号数	结算方式	摘要	借方金额								核对	贷方金额								核对	结存								核对
月	日				十	万	千	百	十	元	角	分		十	万	千	百	十	元	角	分		十	万	千	百	十	元	角	分	
1	20		(略)	(略)																			4	6	6	0	0	0	0	0	√
1	21	银付 012	现金支票 191091	提取现金												3	0	0	0	0	0	√	4	6	3	0	0	0	0	0	√
1	22	银收 015	电汇凭证 2934708	收回货款		5	4	0	0	0	0	0	√										5	1	7	0	0	0	0	0	√
1	25	银付 012	电汇凭证 9037081	归还货款											4	6	8	0	0	0	0	√	4	7	0	2	0	0	0	0	√
1	28	银收 017	转账支票 832008	收到押金			2	0	0	0	0	0	√										4	7	2	2	0	0	0	0	√
1	30	银付 012	转账支票 108903	预付购料款											5	0	0	0	0	0	0	√	4	2	2	2	0	0	0	0	√

图 7-2　银行存款日记账

假设双方记账均正确无误，账实不符是由未达账项造成的。请逐笔核对，找出未达账项并列示出来。

(1)1 月 28 日，企业收到押金 2 000 元已入账，但开户银行尚未入账。

(2)1 月 30 日，企业预付购料款 50 000 元已入账，但开户银行尚未入账。

(3)1 月 30 日，开户银行代付水费 3 500 元已入账，企业尚未入账。

(4)1 月 30 日，开户银行预收购货款 100 000 元已入账，企业尚未入账。

找出未达账项后，在 No. 7-3 上编制“银行存款余额调节表”。

No. 7-3

银行存款余额调节表

银行账号：　　　　　　　　2020年1月31日　　　　　　　　币种：人民币

银行对账单	金额									银行存款日记账	金额								
	百	十	万	千	百	十	元	角	分		百	十	万	千	百	十	元	角	分
调节前的余额										调节前的余额									
加：企业已收、银行未收的金额										加：银行已收、企业未收的金额									
减：企业已付、银行未付的金额										减：银行已付、企业未付的金额									
调节后的余额										调节后的余额									

会计：　　　　　　　　　　　　**出纳：**

子项目3　财产清查结果的账务处理

【理论题】

一、单项选择题

1.（　　）不必或不能通过“待处理财产损溢”账户进行账务处理。

A. 原材料盘盈　　　　B. 库存商品盘亏

C. 固定资产盘盈　　　　D. 库存现金盘亏

2. 确认无法支付的应付款项，一般应（　　）。

A. 冲减“管理费用”账户　　　　B. 记入“营业外收入”账户

C. 冲减“资产减值损失”账户　　　　D. 记入“主营业务收入”账户

二、多项选择题

1.“待处理财产损溢”账户借方登记（　　）。

A. 处理前的财产物资盘亏数额　　　　B. 处理前的财产物资盘盈数额

C. 经批准转销的盘盈数额　　　　D. 经批准转销的盘亏数额

2. 应记入“管理费用”账户的盘亏处理有（　　）。

A. 库存现金因日常收付中找零等原因发生的正常短少

B. 企业原材料定额内损耗

C. 企业财产物资因自然灾害造成的净损失

D. 企业盘亏的财产物资中应由责任人或保险公司赔偿部分

3. 企业盘盈一台手提电脑，八成新，市场重估完全价值5000元，则应贷记“盈余公积”(　　)元。(盈余公积提取比率为10%)

A. 500　　B. 400　　C. 375　　D. 300

三、判断题

1. 待处理财产损溢，是具有双重性质的资产类账户。(　　)
2. 资产负债表日，企业没作出处理决定，不能结平“待处理财产损溢”账户余额。(　　)
3. 企业应领导的批复意见并结合盈亏原因，对财产清查的结果进行处理。(　　)

【业务题】

晋江南雅食品股份有限公司2020年3月30日进行月度盘点。盘点结果已经产生，但尚未进行处理。

1. “库存现金盘点表”显示，现金长款18元。

编制记账凭证(以会计分录代替)：

2. “账存实存对比表”显示，奶糖短少15千克，每千克生产成本9.6元。

编制记账凭证(以会计分录代替)：

3. “账存实存对比表”显示，生产奶糖的原料——蔗糖多出6千克，单位采购成本15元。

4. 发现毁损一包装设备，该设备原值5 000元，已提折旧2 000元。

编制记账凭证(以会计分录代替)：

根据盈亏的成因，按规定的程序对上述盈亏进行处理：

5. 现金长款是日常收付过程中的正常溢余。

6. 奶糖短少15千克，其中5千克散装奶糖属于定额内损耗，生产成本48元，另一箱10千克的奶糖丢失，属于管理不善造成的损失，其中生产成本96元和已抵扣的材料进项税额4元应由保管员赔偿，待发工资时从其工资中扣缴。

7. 多出的6千克蔗糖是因春季天气潮湿，自然增重所致。

8. 包装设备因遭雷击而损毁，属于自然灾害造成的，非人力所为。

项目八 财务会计报告

子项目1　财务会计报告概述

【理论题】

一、单项选择题

1. 以收付实现制为记账基础编制的报表有(　　)。

A. 现金流量表　　B. 利润表(也叫损益表)

C. 资产负债表　　D. 所有者权益变动表

2. 小企业可以不编制(　　)。

A. 资产负债表　　B. 利润表

C. 现金流量表　　D. 所有者权益变动表

3. 反映财务状况的动态报表有(　　)。

A. 资产负债表　　B. 利润表

C. 现金流量表　　D. 所有者权益变动表

4. 财务会计报表按编制单位可以分成单位财务报表和(　　)。

A. 汇总财务报表　　B. 综合财务报表

C. 单独财务报表　　D. 合并财务报表

5. 企业不需要对外公开的报表有(　　)。

A. 资产负债表　　B. 生产成本明细表

C. 现金流量表　　D. 所有者权益变动表

二、多项选择题

1. 财务会计报告的目标是(　　)等。

A. 反映管理层受托责任的履行情况

B. 反映企业缴纳国税、地税的情况

C. 反映企业所有者的生产生活情况

D. 向财务会计报告使用者提供与企业财务状况、经营成果和现金流量等有关的会计信息

2. 财务会计报告由(　　)组成。

A. 会计报表　　B. 会计报表附注

C. 财务情况说明书　　D. 试算平衡表

3. 会计报表附注主要对会计报表的编制基础和(　　)等所作的解释。

A. 编制依据　　B. 编制原则

C. 编制方法　　D. 主要项目

4. 财务会计报表按所反映的经济内容可以分为(　　)。

A. 反映财务状况的报表　　B. 反映经营成果的报表

C. 中期财务报表　　D. 年度财务报表也称决算报表

5. 编制财务报表的基本要求是(　　)。

A. 数字真实　　B. 内容完整

C. 报送及时　　D. 计算准确

三、判断题

1. 财务会计报告是单位统一对外提供的反映单位某一特定日期财务状况和某一会计期间经营成果、现金流量等会计信息的书面文件。(　　)

2. 企业财务报告应当有助于报告使用者获得收益。(　　)

3. 企业应当以权责发生制为基础编制现金流量表。(　　)

4. 会计报表附注和财务情况说明书有利于增进会计信息的可理解性，提高会计信息可比性和突出重要的会计信息。(　　)

5. 中期财务报表指的是半年报，月报和季报都不能称为中报。(　　)

【业务题】

上海新阳半导体材料股份有限公司是一家外商投资企业，股票代码为300236。

1. 该公司2020年年报的报送期限是什么时期？

2. 该公司在年报中应报送哪些报表以及相关资料？

3. 应向哪些部门报送报表？(供选答案：国资委、商务部、深圳证券交易所、上海证券交易所、税务部门、相关开户银行、政府有关部门如统计部门等)

子项目2 资产负债表的编制

【理论题】

一、单项选择题

1. 编制资产负债表的理论依据是(　　)。

A. 有借必有贷，借贷必相等　　B. 资产=负债+所有者权益

C. 收入-费用=利润　　D. 收付实现制

2. 资产负债表中的资产是按(　　)顺序排列的。

A. 流动性强弱，流动性强的排在前，流动性弱的排在后

B. 金额的大小，金额小的排在前，金额大的排在后

C. 流动性强弱，流动性弱的排在前，流动性强的排在后

D. 按经济业务的性质，主要业务排在前，次要业务排在后

3. 已知某企业存货类账户期末余额如下：在途物资10万元，原材料20万元，库存商品30万元、周转材料5万元、生产成本3万元、存货跌价准备8万元，则存货项目应填(　　)万元。

A. 68　　B. 76　　C. 60　　D. 57

4. 资产负债表中根据同名总分类账账户余额直接填列的项目有(　　)。

A. 固定资产　　B. 应收账款　　C. 短期借款　　D. 长期应收款

5. 已知有关总账账户期末余额如下：固定资产150万，累计折旧40万，固定资产减值准备30万，固定资产清理(贷方)20万，则资产负债表中"固定资产"项目应填金额(　　)。

A. 110万　　B. 80万　　C. 100万　　D. 60万

二、多项选择题

1. 资产负债表的排列顺序是(　　)。

A. 流动资产在前，非流动资产在后　　B. 负债在前，所有者权益在后

C. 所有者权益在前，负债在后　　D. 流动负债在前，非流动负债紧随其后

2. 资产负债表中"其他应收款"项目，应根据(　　)账户的期末余额计算填列。

A. 其他应收款　　B. 应收股利

C. 应收利息　　D. 其他应付款

3. 资产负债表中"一年内到期的非流动资产"项目包括一年内(　　)等。

A. 到期的"持有至到期投资"　　B. 摊销的"长期待摊费用"

C. 将报废的"固定资产"　　D. 可收回的"长期应收款"

4. 资产负债表中的"应付账款"项目包括(　　)所属明细账的期末贷方余额。

A. 应付账款　　B. 应收账款

C. 预收账款　　D. 预付账款

5. 资产负债表按先后顺序从左到右排列，下列排序错误的有(　　)。

A. 货币资金存货无形资产固定资产

B. 货币资金短期借款长期借款实收资本

C. 短期借款长期借款应交税费实收资本

D. 未分配利润盈余公积资本公积实收资本

三、判断题

1. 资产负债表是会计报表的主要报表，为企业财务分析提供客观数据。(　　)

2. 资产负债表是综合反映企业在某一会计期间全部资产、全部权益的报表。(　　)

3. 资产负债表是根据账户余额直接填列或分析计算后填列的。(　　)

4. 资产负债表本年度某些项目的名称和内容与上年度不一致，应按本年度的规定，调整上年度资产负债表中该项目的名称和金额，才可填入本年度对应项目的年初数栏内。(　　)

5. 资产负债表的编制人员包括出纳、一般会计人员、主办会计、会计机构负责人。(　　)

【业务题】

晋江新铭公司 2020 年 12 月 31 日有关账户的期末余额，如图 8-1 所示。

2020 年 12 月 31 日　　单位：元

账户名称	借或贷	期末余额	账户名称	借或贷	期末余额
库存现金	借	5 000	短期借款	贷	500 000
银行存款	借	300 000	交易性金融负债	贷	45 000
交易性金融资产	借	190 000	应付账款——A	贷	210 000
应收账款——围头公司	借	34 000	预收账款——陆丝商城	贷	150 000
海丝商城	贷	50 000	新零星集团	借	80 000
预付账款——石圳公司	借	350 000	应付职工薪酬	贷	30 000
其他应收款	借	4 000	应交税费	借	54 000
在途物资	借	90 000	应付利息	贷	46 000
原材料	借	600 000	其他应付款	贷	7 000
库存商品	借	750 000	长期借款	贷	1 000 000
长期股权投资	借	200 000	实收资本	贷	1 200 000
固定资产	借	800 000	资本公积	贷	200 000
累计折旧	贷	250 000	盈余公积	贷	34 000
无形资产	借	300 000	利润分配	借	65 000
累计摊销	贷	100 000			
合计		3223 000	合计		3223 000

图 8-1　有关账户的期末余额

其他信息：长期借款两笔，一笔金额 40 万元的偿还日期为 2021 年 3 月 30 日，另一笔 60 万元的偿还日期为 2022 年 5 月 30 日。

根据以上资料编制晋江新铭公司2020年的年报，直接填写在No. 8-1上。

No. 8-1

资 产 负 债 表(简表)

2020年12月31日　　会企01表

编制单位：　　单位：元

资产	行次	年初数	年末数	负债及所有者权益	行次	年初数	年末数
流动资产：				流动负债：			
货币资金				短期借款			
以公允价值计量且变动计入当期损益的金融资产		略		以公允价值计量且变动计入当期损益的金融负债		略	
应收票据				应付票据			
应收账款				应付账款			
预付账款				预收账款			
其他应收款				应付职工薪酬			
存货				应交税费			
一年内到期非流动资产				其他应付款			
其他流动资产				一年内到期非流动负债			
流动资产合计				其他流动负债			
非流动资产：				流动负债合计			
可供出售金融资产				非流动负债：			
持有至到期投资				长期借款			
长期应收款		略		应付债券			
长期股权投资				长期应付款		略	
固定资产				其他非流动负债			
在建工程				非流动负债合计			
无形资产				负债合计			
开发支出				所有者(或股东)权益：			
商誉				实收资本(或股本)			
长期待摊费用				资本公积			
其他非流动资产				其他综合收益		略	
非流动资产合计				盈余公积			
				未分配利润			
				所有者(或股东)权益合计			
资产总计				负债和所有者权益总计			

子项目3　利润表的编制

【理论题】

一、单项选择题

1. 编制利润表的理论依据是(　　)。

A. 有借必有贷，借贷必相等　　B. 资产=负债+所有者权益

C. 收入-费用=利润　　D. 收付实现制

2. 编制2018年5月的利润表，其"上期金额"应当填列(　　)。

A. 2018年4月份利润表"本期金额"栏的数额

B. 2017年5月份利润表"本期金额"栏的数额

C. 2017年12月份利润表"本期金额"栏的数额

D. 2018年1~4月份利润表"本期金额"栏的累加数额

3. 某企业1月份财务费用借方发生额60 000元，2月份财务费用借方发生额70 000元，3月份财务费用借方发生额80 000元，贷方发生额15 000元，则3月份利润表"本期金额"中的"财务费用"栏应填(　　)元。

A. 80 000　　B. 65 000　　C. 195 000　　D. 210 000

4. 利润表中的"管理费用"项目不包括企业发生的(　　)等。

A. 研发费用　　B. 业务招待费

C. 车间设备修理费　　D. 财务人员薪酬

二、多项选择题

1. 利润表(也叫损益表)是由(　　)三部分组成。

A. 表首　　B. 基本部分　　C. 表尾　　D. 补充资料

2. 利润中的"营业收入"项目包括了(　　)的金额。

A. 主营业务收入　　B. 营业外收入

C. 其他业务收入　　D. 投资收益

3. 利润表中的"税金及附加"项目反映企业应负担的(　　)，应根据同名账户的借方累计发生额填列。

A. 增值税　　B. 消费税

C. 城建税　　D. 教育费附加

4. 利润表中的"财务费用"项目包括企业(　　)等。

A. 购买国债获得的利息收入　　B. 流动资金存款的利息收入

C. 日常经营中发生的利息费用　　D. 金融机构手续费

三、判断题

1. 利润表是反映企业一定期间盈利或亏损情况的报表。 ( )
2. 利润表各项目的计算依据是各项目相关账户的本期发生额。 ( )
3. 利润表的格式有单步式和多步式，我国利润表采用单步式。 ( )
4. “利润表”是与“资产负债表”毫无关联的独立报表。 ( )

【业务题】

晋江新铭公司 2020 年 3 月 31 日有关损益类账户的本年累计发生额，如图 8-2 所示。

账户名称	借方发生额	贷方发生额	账户名称	借方发生额	贷方发生额
主营业务收入		3500 000	资产减值损失	100 000	
主营业务成本	1900 000		公允价值变动损益	100 000	
营业税金及附加	200 000		其他业务收入		380 000
销售费用	210 000		其他业务成本	180 000	
管理费用	250 000		投资收益	300 000	120 000
其中：研发费用	65 000		营业外收入		170 000
财务费用	220 200	9 800	营业外支出	40 000	
其中：利息支出 利息收入	155 000	 9 800	所得税费用	167 450	

图 8-2 2020 年第一季度损益类账户本年累计发生额

1. 求企业营业利润(列式计算)。

2. 求企业利润总额(列式计算)。

3. 假设企业无纳税调整项目，请计算所得税(列式计算)。

4. 计算本季度净利润(列式计算)。

5. 在 No. 8-2 上编制晋江新铭公司 2020 年 3 月份利润表。

No. 8-2

利　润　表

会企 02 表

编制单位：　　　　　　　　年　月　　　　　　　　单位：元

项　　目	本期金额	上期金额
一、营业收入		
减：营业成本		
税金及附加		
销售费用		
管理费用		
研发费用		
财务费用(收益以“-”号填列)		
其中：利息费用		
利息收入		
资产减值损失		
信用减值损失		
加：其他收益		
投资收益(损失以“-”号填列)		
其中：对联营企业和合营企业的投资收益		
净敞口套期收益(损失以“-”号填列)		
公允价值变动收益(损失以“-”号填列)		
资产处置收益(损失以“-”号填列)		
二、营业利润		
加：营业外收入		
减：营业外支出		
三、利润总额(亏损总额以“-”号填列)		
减：所得税费用		
四、净利润(净亏损以“-”号填列)		
五、每股收益		
六、综合收益总额		

项目九
会计核算程序

【理 论 题】

一、单项选择题

1.(　　)是会计核算程序的核心。

A. 账簿组织　　B. 记账程序　　C. 会计报表　　D. 会计核算方法

2.(　　)是最基本的会计核算程序，其他会计核算程序都是在此基础上，根据管理的需要，发展产生的。

A. 科目汇总表核算程序　　B. 记账程序核算程序

C. 汇总记账凭证核算程序　　D. 多栏式日记账核算程序

3. 各种会计核算程序的区别在于登记(　　)的不同。

A. 日记账的依据和方法　　B. 明细账的依据和方法

C. 总分类账的依据和方法　　D. 备查账的依据和方法

4.(　　)适用于规模小、业务量少的企业。

A. 科目汇总表核算程序　　B. 汇总记账凭证核算程序

C. 记账凭证汇总表核算程序　　D. 记账凭证核算程序

二、多项选择题

1. 会计核算程序是指在会计核算中，(　　)有机结合的形式。

A. 账簿组织　　B. 记账程序　　C. 会计报表　　D. 会计核算方法

2. 多栏式日记账核算程序应根据(　　)登记总账。

A. 多栏式现金日记账　　B. 多栏式银行存款日记账

C. 转账凭证　　D. 收款凭证和付款凭证

3. 科目汇总表核算程序，登记总账的步骤有(　　)。

A. 编制记账凭证汇总表　　B. 根据记账凭证汇总表登记总账

C. 编制汇总记账凭证　　D. 根据汇总记账凭证登记总账

4. 科目汇总表核算程序的优点有(　　)。

A. 可以减少登记总账的工作量　　B. 可以对本期发生额进行试算平衡

C. 程序简单，易于理解和掌握　　D. 可以反映账户之间的对应关系，便于

查账

三、判断题

1. 记账程序是指填制和审核凭证、登记账簿、编制财务报表的工作流程。 (　　)
2. 会计电算化企业要更加重视会计核算程序的选择。 (　　)
3. 记账凭证核算程序是根据记账凭证逐笔登记总分类账。 (　　)
4. 适合的会计核算程序可以准确反映本单位的会计信息，提高会计信息质量。 (　　)

【业务题】

请采用科目汇总表核算程序，完成美芝服饰公司 2020 年 3 月份的会计账务处理。

一、根据原始凭证或原始凭证汇总表编制通用记账凭证

业务 1：原始凭证及其所反映的经济业务如图 9-1、图 9-2 所示。

江苏省增值税专用发票

发票联

开票代码：325 931 0112295
开票号码：3322820708
开票日期：2020 年 3 月 2 日
机器编号：320820135198
校 验 码：9509 8008 3084 45718

购买方	名　　称：晋江美芝服饰有限公司 纳税人识别号：350582001143 地 址、电 话：金井新街 85381234 开户行及账号：金井农行 53140100001569				密码区	略		
货物或应税劳务、服务名称	规格型号	单位	数量	单价	金　额	税率	税　额	
锦棉布		码	24 000	9.9	237 600.00	13%	30 888.00	
合　　计					¥237 600.00		¥30 888.00	
价税合计（大写）	※贰拾陆万捌仟肆佰捌拾捌元整				（小写）¥268 488.00			
销售方	名　　称：吴江恒宇有限公司 纳税人识别号：320584722206414 地 址、电 话：黎里镇交通东路 20 号 0512-63511830 开户行及账号：吴江农行黎里办事处 9801069818				备注	吴江市恒宇有限公司 发票专用章		

发票联 购货方记账凭证

收款人：　　复核：　　开票人：叶瑜　　销货单位：（章）

图 9-1　增值税专用发票

中国农业银行　电汇凭证　（回　单）　1

委托日期 2020 年 3 月 3 日　　N00253054

汇款人 全称	晋江美芝服饰有限公司		收款人 全称	吴江市恒宇有限公司	
汇款人 账号或住址	53140100001569		收款人 账号或住址	9801069811	
汇款人 汇出地点	福建省 晋江市		收款人 汇出地点	江苏省吴江市	
汇出行名称	金井农行	汇入行名称	吴江市农行黎里办事处		
金额 人民币（大写）	贰拾陆万捌仟肆佰捌拾捌元整			千百十万千百十元角分	¥26848800
汇款用途：购布料				汇出行盖章	
款项已根据委托办理，如需查询请持回单来行面洽　兴杨印佳				中国农行晋江市支行 金井营业所 2020.3.3	

单位主管　　授权　　复核　　录入

图 9-2　电汇凭证

请根据业务 1 审核无误的原始凭证在 No. 9-1 上编制业务 1 的通用记账凭证。

No. 9-1

通用记账凭证

年　　月　　日　　　　　　　　　　第　　号

摘　要	会计科目		过账	借方金额									贷方金额								
	总账科目	明细科目		百	十	万	千	百	十	元	角	分	百	十	万	千	百	十	元	角	分
附件　张	合	计																			

会计主管：　　　　记账：　　　　审核：　　　　制单：

业务 2：原始凭证及其所反映的经济业务如 No. 9-2 所示。

No. 9-2

材　料　入　库　单

2020 年 3 月 04 日

收料仓库：第 1号仓库　　　　交库单位：采购部门

编号	品名	规格	单位	数量		单价	金额								
				请收	实收		百	十	万	千	百	十	元	角	分
A18	锦棉布		码	24 000	24 000	9.90		2	3	7	6	0	0	0	0
备注						合计	¥	2	3	7	6	0	0	0	0

第四联 财务

仓库负责人　　　　验收人 王华感

请同学根据业务 2 审核无误的原始凭证在 No. 9-3 上编制业务 2 的通用记账凭证。

No. 9-3

通用记账凭证

年　　月　　日　　　　　　　　　　第　　号

摘　要	会计科目		过账	借方金额									贷方金额								
	总账科目	明细科目		百	十	万	千	百	十	元	角	分	百	十	万	千	百	十	元	角	分
附件　张	合	计																			

会计主管：　　　　记账：　　　　审核：　　　　制单：

业务 3：原始凭证及其所反映的经济业务如图 9-3、图 9-4 所示。

美芝服饰差旅费报销单

部 门：行政　　　　填报日期：2020 年 3 月 5 日

姓名		李美娜		出差地点	福州				出差日期	自 2020 年 3 月 3 日 至 2020 年 3 月 4 日		
事由		参加福建省服装行业协会创新发展研讨会										
日期		起讫地点		交通费用		住宿费用			出差补贴			杂费
月	日	起	讫	类别	金额	日数	标准	金额	日数	标准	金额	市内交通
3	3	晋江	福州	大巴	100.00	1	300.00	300.00	2	100.00	200.00	100.00
3	4	福州	晋江	大巴	100.00		同意报销		芝李印美			
以上单据共 6 张，总计人民币（大写）捌佰元整									¥800.00			
主管	兴杨印佳		审核	兴杨印佳		填报	李美娜		报销	李美娜（签名）		

图 9-3　美芝服饰差旅费报销单

收　款　收　据

日期：2020 年 3 月 5 日　　　　NO：18110509

付款单位或个人：李美娜	收据联
收款事由：收回预借差旅费余款 200 元。（预借 1000.00 元，报销 800 元）	
金额（大写）：人民币贰佰元整　　现金收讫　　¥ 200.00	

收款单位（章）　　　　出　纳：才向前

图 9-4　收款收据

请根据业务 3 审核无误的原始凭证在 No. 9-4 上编制业务 3 的通用记账凭证。

No. 9-4

通用记账凭证

年　月　日　　　　第　号

摘要	会计科目		过账	借方金额									贷方金额								
	总账科目	明细科目		百	十	万	千	百	十	元	角	分	百	十	万	千	百	十	元	角	分
附件　张	合　　计																				

会计主管：　　记账：　　审核：　　制单：

业务 4：原始凭证及其所反映的经济业务如图 9-5 所示。

中国农业银行进账单（收账通知） 1

2020 年 3 月 6 日　　第 181106078 号

出票人	全　称	北京市新街口百货有限公司	收款人	全　称	晋江美芝服饰有限公司
	账　号	010000290900617		账　号	5314000001569
	开户银行	北京工行新街口分理处		开户银行	农行晋江支行金进营业所
金额	人民币（大写）	贰拾叁万肆仟元整		千 百 十 万 千 百 十 元 角 分	¥ 2 3 4 0 0 0 0 0
票据种类	转账支票	票据张数	1		
票据号码					
收到货款 复核　记账			收款人开户银行盖章	中国农行晋江市支行 金井营业所 2020.3.6 转讫	

图 9-5　收账通知单

请根据业务 4 审核无误的原始凭证在 No. 9-5 上编制业务 4 的通用记账凭证。

No. 9-5

通用记账凭证

年　月　日　　　第　号

摘　要	会计科目		过账	借方金额									贷方金额								
	总账科目	明细科目		百	十	万	千	百	十	元	角	分	百	十	万	千	百	十	元	角	分
附件　张	合　计																				

会计主管：　记账：　审核：　制单：

业务 5：原始凭证及其所反映的经济业务如图 9-6、图 9-7 所示。

福建省增值税专用发票　　开票代码：355 950 0312498

发票联　　开票号码：3252820708

开票日期：2020 年 3 月 8 日

机器编号：320820135198　　校 验 码：4507 0018 0814 57088

购买方	名　称：雄安新区百货有限公司 纳税人识别号：0312000114379 地 址、电 话：雄安千年路 9 号 18061298888 开户行及账号：雄安工行 031200290900617				密码区	略		
货物或应税劳务、服务名称	规格型号	单位	数量	单价	金　额	税率	税　额	
男式茄克		件	4 000	120.00	480 000.00	13%	62 400.00	
合　计					¥480 000.00		¥62 400.00	
价税合计（大写）	※伍拾肆万贰仟肆佰元整				（小写）¥542 400.00			
销售方	名　称：晋江美芝服饰有限公司 纳税人识别号：350582001143 地 址、电 话：金井新街 85381234 开户行及账号：金井农行 53140100001569				备注	晋江美芝服饰有限公司 350584704619 发票专用章		

收款人：　复核：　开票人：叶瑜　销货单位：（章）

记账联　销售方记账凭证

图 9-6　增值税专用发票

中国农业银行进账单（收账通知）　1

2020 年 3 月 8 日　　　第 181106079 号

出票人	全　称	雄安新区百货有限公司	收款人	全　称	晋江美芝服饰有限公司
	账　号	031200290900617		账　号	5314000001569
	开户银行	工行雄安支行千年路营业部		开户银行	农行晋江支行金进营业所
金额	人民币（大写）	伍拾肆万贰仟肆佰元整		千百十万千百十元角分	¥ 5 4 2 4 0 0 0 0
票据种类	转账支票	票据张数	1		
票据号码					
收到货款 复核　记账			收款人开户银行盖章	中国农行晋江市支行 金井营业所 2020.3.8	

图 9-7　收账通知单

请根据业务 5 审核无误的原始凭证在 No. 9-6 上编制业务 5 的通用记账凭证。

No. 9-6

通用记账凭证

年　月　日　　　　第　号

摘要	会计科目		过账	借方金额									贷方金额								
	总账科目	明细科目		百	十	万	千	百	十	元	角	分	百	十	万	千	百	十	元	角	分
附件　张	合　　计																				

会计主管：　　记账：　　审核：　　制单：

业务 6：同日向晋江四通物流公司转账支付（单据略）女式夹克的运费 2000 元，增值税 180 元（增值税专用发票略），请在 No. 9-7 上编制业务 6 的通用记账凭证。

No. 9-7

通用记账凭证

年　月　日　　　　第　号

摘要	会计科目		过账	借方金额									贷方金额								
	总账科目	明细科目		百	十	万	千	百	十	元	角	分	百	十	万	千	百	十	元	角	分
附件　张	合　　计																				

会计主管：　　记账：　　审核：　　制单：

业务 7：应大发公司请求，3 月 9 日向其出售纽扣 50 包，每包零售价 24 元，总价1 200 元，增值税进项税额 156 元，价税合计1356元（相关单据略），款项尚未收到，请在 No. 9-8 上编制业务 7 的通用记账凭证。

No. 9-8

通用记账凭证

年　　月　　日　　　　　　　　　　　　　　　　第　　号

摘要	会计科目		过账	借方金额									贷方金额								
	总账科目	明细科目		百	十	万	千	百	十	元	角	分	百	十	万	千	百	十	元	角	分
附件　张	合　　计																				

会计主管：　　　　记账：　　　　审核：　　　　制单：

业务 8：原始凭证及其所反映的经济业务如图 9-8 所示。

领　　料　　单

2020 年 11 月 10 日　　　　　　No:099018

编号	品名规格	单位	领料部门（领料用途）	请领数量	实发数量	单价	金额								
							百	十	万	千	百	十	分	角	分
	润滑油	瓶	车间一般使用	4	4	48.00					1	9	2	0	0
	润滑油	瓶	专设销售机构使用	1	1	48.00						4	8	0	0
备注						合计				¥	2	4	0	0	0

主管：　　　会计：　　　领料人：　　　发料人 王华感

图 9-8　领料单

请根据业务 8 审核无误的原始凭证在 No. 9-9 上编制业务 8 的通用记账凭证。

No. 9-9

通用记账凭证

年　　月　　日　　　　　　　　　　　　　　　　第　　号

摘要	会计科目		过账	借方金额									贷方金额								
	总账科目	明细科目		百	十	万	千	百	十	元	角	分	百	十	万	千	百	十	元	角	分
附件　张	合　　计																				

会计主管：　　　　记账：　　　　审核：　　　　制单：

业务 9：2019 年 3 月 12 日，晋江快捷维修为企业行政部门提供设备维修服务，产生修理费 3 000 元，增值税进项税额 390 元，总计 3 390 元，以转账支票付讫。（相关原始凭证略）

请根据业务 9 审核无误的原始凭证在 No. 9-10 上编制业务 9 的通用记账凭证。

No. 9-10

通用记账凭证

年　月　日　　　　第　号

摘要	会计科目		过账	借方金额									贷方金额								
	总账科目	明细科目		百	十	万	千	百	十	元	角	分	百	十	万	千	百	十	元	角	分
附件　张	合　　计																				

会计主管：　　记账：　　审核：　　制单：

业务 10：原始凭证及其所反映的经济业务如图 9-9 所示。

中国工商银行（闽）

现金支票存根

C Y
0 2

09607535

附加信息

出票日期：2020年 3 月 14 日

收款人：美芝公司
金额：¥358 000.00
用途：备发工资

单位主管：芝李印美　会计：兴杨印佳

图 9-9　现金支票存根

请根据业务 10 审核无误的原始凭证在 No. 9-11 上编制业务 10 的通用记账凭证。

No. 9-11

通用记账凭证

年　月　日　　　　第　号

摘要	会计科目		过账	借方金额									贷方金额								
	总账科目	明细科目		百	十	万	千	百	十	元	角	分	百	十	万	千	百	十	元	角	分
附件　张	合　　计																				

会计主管：　　记账：　　审核：　　制单：

业务 11：美芝公司于 2020 年 11 月 15 日将以现金实际支付职工工资 358 000 元(原始凭

证略）。请在 No. 9-12 上编制业务 11 的通用记账凭证。

No. 9-12

通用记账凭证

年 月 日　　　　第 号

摘要	会计科目		过账	借方金额									贷方金额								
	总账科目	明细科目		百	十	万	千	百	十	元	角	分	百	十	万	千	百	十	元	角	分
附件 张	合 计																				

会计主管：　　记账：　　审核：　　制单：

业务 12：企业 3 月 16 日招待客户，取得定额发票如图 9-10 所示。

福建省泉州市服务业有奖定额发票

发票联　　年 月 日

现金付讫

代码：235050972200

号码：00749622

客户：＿＿＿＿项目：＿＿＿＿

金额：叁佰元整

发票专用章：　同意报销　刘军　　填票

兑奖凭证

校验码

刮奖区→

代码：

235050972200

号码：00749624

图 9-10　定额发票

根据业务 12 审核无误的结算凭证在 No. 9-13 上编制业务 12 的通用记账凭证。

No. 9-13

通用记账凭证

年 月 日　　　　第 号

摘要	会计科目		过账	借方金额									贷方金额								
	总账科目	明细科目		百	十	万	千	百	十	元	角	分	百	十	万	千	百	十	元	角	分
附件 张	合 计																				

会计主管：　　记账：　　审核：　　制单：

业务 13：2020 年 3 月 17 日从厦门晨海贸易有限公司购进拉链 15 000 米，不含税单价 0.50 元/米；纽扣 350 包（每包 100 个），不含税单价 18.00 元/包，增值税专用发票（略）显示：进项税额 1 794 元，材料已验收入库（入库单略），款项已转账付讫（结算凭证略）。

根据业务 13 审核无误的原始凭证在 No. 9-14 上编制业务 13 的通用记账凭证。

No. 9-14

通用记账凭证

年　月　日　　　　第　号

摘要	会计科目		过账	借方金额									贷方金额								
	总账科目	明细科目		百	十	万	千	百	十	元	角	分	百	十	万	千	百	十	元	角	分
附件　张	合　计																				

会计主管：　　记账：　　审核：　　制单：

业务 14：原始凭证及其所反映的经济业务如图 9-11～图 9-13 所示。

福建省工商企业资金往来专用发票

客户：海丝投资股份有限公司　　2020 年 3 月 18 日　　支票号：3562277921

往来项目	单位	数量	单价	金额 千	百	十	万	千	百	十	元	角	分	说明
投资款项						4	0	0	0	0	0	0	0	本发票由福建省工商企业在发生商品销售或提供加工业务之外的资金往来时使用。
小写金额合计：					¥	4	0	0	0	0	0	0	0	
大写金额：（人民币）肆拾万元整														

开票单位：（章）　　开票人：刘海发

图 9-11　资金往来专用发票

联营合同(主要条款)

甲方：海丝投资股份有限公司

乙方：晋江美芝服饰有限公司

为了扩大晋江美芝服饰有限公司的经营规模，经双方协商，同意海丝投资股份有限公司出资人民币 40 万元，拥有美芝服饰公司 30 万元的资本份额。从 2020 年 3 月 20 日起，海丝公司按所持资本占总资本的比例分享美芝公司盈利、承担美芝公司亏损。

甲方(盖章)海丝投资股份有限公司　　乙方(盖章)晋江美芝服饰有限公司

2020 年 3 月 18 日　　2020 年 3 月 18 日

图 9-12　联营合同(主要条款)

中国农业银行进账单（收账通知）　1

2020 年 3 月 18 日　　第 181106078 号

出票人	全　称	海丝投资股份有限公司	收款人	全　称	晋江美芝服饰有限公司
	账　号	35035099145068		账　号	5314000001569
	开户银行	厦门工行金砖路分理处		开户银行	农行晋江支行金进营业所
金额	人民币（大写）	肆拾万元整		千百十万千百十元角分	¥ 4 0 0 0 0 0 0 0
票据种类	转账支票	票据张数	1		
票据号码					
收到投资款	复核　记账		收款人开户银行盖章	中国农行晋江市支行 金井营业所 2020.3.18 转讫	

图 9-13　收账通知单

请根据业务 14 审核无误的原始凭证在 No. 9-15 上编制业务 14 的通用记账凭证。

No. 9-15

通用记账凭证

年　月　日　　　　第　号

摘　要	会计科目		过账	借方金额									贷方金额								
	总账科目	明细科目		百	十	万	千	百	十	元	角	分	百	十	万	千	百	十	元	角	分
附件　张	合	计																			

会计主管：　　记账：　　审核：　　出纳：　　制单：

业务 15：2020 年 3 月 19 日，久盈创意公司提供的增值税专用发票（略）显示：久盈创意公司为企业在厦门会展中心办展提供服务，收费 40 000. 00 元，增值税税额 2 400 元，总计42 400元，确认无误后，出纳开出转账支票付讫，转账支票存根联如图 9-14 所示。

中国工商银行（闽）
转账支票存根
C Y
0 2
09707038
附加信息

出票日期：2020年 3 月 19日

收款人：福建久盈创意服务有限公司
金额：¥42 400.00
用途：付办展服务费用

单位主管：芝李印美 会计：兴杨印佳

图 9-14 转账支票存根

请根据业务 15 审核无误的原始凭证在 No. 9-16 上编制业务 15 的通用记账凭证。

No. 9-16

通用记账凭证

年 月 日 第 号

摘要	会计科目		过账	借方金额									贷方金额								
	总账科目	明细科目		百	十	万	千	百	十	元	角	分	百	十	万	千	百	十	元	角	分
附件 张	合 计																				

会计主管： 记账： 审核： 制单：

业务 16：2020 年 3 月 21 日向北京市新街口百货有限公司出售女式夹克 3 000 件，单价 99 元/件，总价为 297 000 元；增值税专用发票(略)显示：销项税额 38 610 元，已向银行办理托收手续，但款项尚未收到。

请根据业务 16 审核无误的原始凭证在 No. 9-17 上编制业务 16 的通用记账凭证。

No. 9-17

通用记账凭证

年 月 日 第 号

摘要	会计科目		过账	借方金额									贷方金额								
	总账科目	明细科目		百	十	万	千	百	十	元	角	分	百	十	万	千	百	十	元	角	分
附件 张	合 计																				

会计主管： 记账： 审核： 制单：

业务 17：2020 年 3 月 21 日以库存现金购买办公用品 750 元，其中行政部门领用 250 元，生产车间领用 500 元(单据略)，请在 No. 9-18 上编制通用记账凭证。

No. 9-18

通用记账凭证

年　月　日　　　　第　号

摘 要	会计科目		过账	借方金额									贷方金额								
	总账科目	明细科目		百	十	万	千	百	十	元	角	分	百	十	万	千	百	十	元	角	分
附件 张	合 计																				

会计主管：　　记账：　　审核：　　制单：

业务 18：2020 年 3 月 22 日从银行提取现金 2000 元备用(单据略)，请在 No. 9-19 上编制通用记账凭证。

No. 9-19

通用记账凭证

年　月　日　　　　第　号

摘 要	会计科目		过账	借方金额									贷方金额								
	总账科目	明细科目		百	十	万	千	百	十	元	角	分	百	十	万	千	百	十	元	角	分
附件 张	合 计																				

会计主管：　　记账：　　审核：　　制单：

业务 19：原始凭证及其所反映的经济业务如图 9-15 所示。

发出材料汇总表

2020 年 3 月 24 日　　　　单位：元

项 目	锦棉布			纽 扣			拉 链			金额合计
	数量	单价	金额	数量	单价	金额	数量	单价	金额	
男式夹克	9 000 码	9. 9	89 100	200 包	18	3 600	5 334 米	0. 5	2 667	95 367
女式夹克	6 000 码	9. 9	59 400	100 包	18	1 800	2 666 米	0. 5	1 333	62 533
合计	15 000 码	9. 9	148 500	300 包	18	5 400	8 000 米	0. 5	4 000	157 900

制表人：　　复核人：

图 9-15　发出材料汇总表

请根据业务 19 审核无误的原始凭证在 No. 9-20 上编制业务 19 的通用记账凭证。

No. 9-20

通用记账凭证

年　月　日　　　　第　号

摘　要	会计科目		过账	借方金额									贷方金额								
	总账科目	明细科目		百	十	万	千	百	十	元	角	分	百	十	万	千	百	十	元	角	分
附件　张	合　　计																				

会计主管：　　记账：　　审核：　　制单：

业务 20：电力公司 2020 年 3 月 28 日开具的增值税专用发票(略)显示：本月耗电 15 000 元，增值税税额 1 950 元，其中行政部门耗用 3 000 元，生产部门耗用 10 000 元，专设销售机构耗用 2 000 元，价税款已转账(结算凭证略)付讫，请在 No. 9-21 编制付电费的通用记账凭证。

No. 9-21

通用记账凭证

年　月　日　　　　第　号

摘　要	会计科目		过账	借方金额									贷方金额								
	总账科目	明细科目		百	十	万	千	百	十	元	角	分	百	十	万	千	百	十	元	角	分
附件　张	合　　计																				

会计主管：　　记账：　　审核：　　制单：

业务 21：原始凭证及其所反映的经济业务如图 9-16 所示。

企业员工薪资分配表

2020 年 3 月 30 日　　　　单位：元

服务对象或部门	应付职工薪酬	备注
男式夹克生产工人薪酬	96 000.00	
女式夹克生产工人薪酬	64 000.00	
车间管理人员薪酬	51 750.00	
企业管理部门职员薪酬	78 120.00	
专设销售机构职员薪酬	49 040.00	
合　计	338 910.00	

制表人：江城子　　　　复核人：陈程

图 9-16　企业员工薪资分配表

请根据业务 21 审核无误的原始凭证在 No. 9-22 上编制业务 21 的通用记账凭证。

No. 9-22

通用记账凭证

年　　月　　日　　　　　　　　第　　号

摘要	会计科目		过账	借方金额									贷方金额								
	总账科目	明细科目		百	十	万	千	百	十	元	角	分	百	十	万	千	百	十	元	角	分
附件　张	合　计																				

会计主管：　　　　**记账：**　　　　**审核：**　　　　**制单：**

业务 22：原始凭证及其所反映的经济业务如图 9-17 所示。

美芝公司折旧计算表

2020 年 3 月 30 日　　单位：元

应提折旧部门	月初固定资产原值	月综合折旧率	本月折旧额
生产用设备设施	4 250 000. 00	1%	42500. 00
行政办公设备设施	1 200 000. 00	1%	12 000. 00
专设销售机构设备	1 500 000. 00	1%	15 000. 00
合　计	6 950 000. 00		69 500. 00
	当月增加的固定资产当月不提折旧；当月减少的照提折旧		

制表人：江城子　　复核人：陈程

图 9-17　美芝公司折旧计算表

请根据业务 22 审核无误的原始凭证在 No. 9-23 上编制业务 22 的通用记账凭证。

No. 9-23

通用记账凭证

年　月　日　　第　号

摘　要	会计科目		过账	借方金额									贷方金额								
	总账科目	明细科目		百	十	万	千	百	十	元	角	分	百	十	万	千	百	十	元	角	分
附件　张	合　　计																				

会计主管：　　**记账：**　　**审核：**　　**制单：**

业务 23：原始凭证及其所反映的经济业务如图 9-18 所示。

提取城建税和教育费附加

2020 年 3 月 30 日

项　目	增值税销项 ①	增值税进项 ②	本月应交增值税 ③=①-②	税率 ④	应提税额 ⑤=③×④
城市维护建设税	101 166. 00	37 602. 00	63 564. 00	7%	4449. 48
教育费附加				3%	1906. 92
合　　计					¥ 6 356. 40

图 9-18　提取城建税和教育费附加单

请根据业务 23 审核无误的原始凭证在 No. 9-24 上编制业务 23 的通用记账凭证。

No. 9-24

通用记账凭证

年　月　日　　　　第　号

摘要	会计科目		过账	借方金额									贷方金额								
	总账科目	明细科目		百	十	万	千	百	十	元	角	分	百	十	万	千	百	十	元	角	分
附件　张	合　　计																				

会计主管：　　　记账：　　　审核：　　　制单：

业务 24：原始凭证及其所反映的经济业务如图 9-19 所示。

中华人民共和国税收转账专用完税证　（国）

填发日期：2020年3月31日　　　　18989203 号

纳税人	全称	晋江美芝服饰有限公司	账号	53140100001569
	代码	350582001143	开户行	金井农行
征收机关		晋江市金井税务分局	收款国库	
税　种		税款所属时期	实缴金额	
增值税 城市维护建设税 教育费附加		2020. 3. 1-2020. 3. 30	63 564. 00 4 449. 48 1 906. 92	
金额合计（大写）		人民币捌万陆仟陆佰捌拾捌元捌角整	¥69 920. 40	
税务机关（盖章）	收款银行（盖章）中国农行晋江市支行 金井营业所 2020.3.31	填票人（盖章）	备注	晋江美芝服饰有限公司 发票专用章

收据联　纳税人作完税凭证

此凭证手工填开无效不得收取现金

图 9-19　中华人民共和国税收转账专用完税证

请根据业务 24 审核无误的原始凭证在 No. 9-25 上编制业务 24 的通用记账凭证。

No. 9-25

通用记账凭证

年　月　日　　　　第　号

摘要	会计科目		过账	借方金额									贷方金额								
	总账科目	明细科目		百	十	万	千	百	十	元	角	分	百	十	万	千	百	十	元	角	分
附件　张	合　　计																				

会计主管：　　　记账：　　　审核：　　　制单：

业务 25：原始凭证及其所反映的经济业务如图 9-20 所示。

制造费用分配表

2021 年 3 月 31 日

产品名称	分配标准(工资)	分配率	应分摊的制造费用
男式夹克	96 000.00	0.6746375	64 765.20
女式夹克	64 000.00		43 176.80
合　计	160 000.00		107 942.00

复核：陈程　　　　制表：江城子

图 9-20　制造费用分配表展示图

请根据业务 25 审核无误的原始凭证在 No. 9-26 上编制业务 25 的通用记账凭证。

No. 9-26

通用记账凭证

年　月　日　　　　第　号

摘　要	会计科目		过账	借方金额									贷方金额								
	总账科目	明细科目		百	十	万	千	百	十	元	角	分	百	十	万	千	百	十	元	角	分
附件　张	合　计																				

会计主管：　　**记账：**　　**审核：**　　**制单：**

业务 26：原始凭证及其所反映的经济业务如图 9-21～图 9-23 所示。

完工产品与月末在产品分配表

完　工：5 000 件

产品：男式夹克　　2020 年 3 月 31 日　　在产品：1 000 件

成本项目	直接材料	直接人工	制造费用	合计
月初在产品成本	18 000.00	18 270.00	13 180.80	49 450.80
本月生产费用	95 367.00	96 000.00	62 965.20	254 332.20
本月累计	113 367.00	114 270.00	76 146.00	303 783.00
完工产品成本	94 000.00	94 300.00	61 700.00	250 000.00
单位成本	18.80	18.86	12.34	50.00
月末在产品成本	19 367.00	19 970.00	14 446.00	53 783.00

图 9-21　完工产品与月末在产品分配表(男式夹克)

完工产品与月末在产品分配表

完工：3 600 件

产品：女式夹克　　　　2020 年 3 月 31 日　　　　在产品：0 件

成本项目	直接材料	直接人工	制造费用	合计
月初在产品成本	1511.00	1556.00	1 223.20	4 290.20
本月生产费用	62 533.00	64 000.00	41 976.80	168 509.80
本月累计	64 044.00	65 556.00	43 200.00	172 800.00
完工产品成本	64 044.00	65 556.00	43 200.00	172 800.00
单位成本	17.79	18.21	12.00	48.00
月末在产品成本	0	0	0	0

图 9-22　完工产品与月末在产品分配表(女式夹克)

成品入库（月末汇总）

收货仓库：第 2 仓库　　　　2020年3月31日　　　　交库单位：生产车间

编号	品名规格	单位	数量		单价	金额									第四联 财务
			请收	实收		百	十	万	千	百	十	元	角	分	
B01	男式茄克	件	5 000	5 000	50.00		2	5	0	0	0	0	0	0	
B02	女式茄克	件	3 600	3 600	48.00		1	7	2	8	0	0	0	0	
合计						¥	4	2	2	8	0	0	0	0	

图 9-23　成品入库汇总表展示图

请根据业务 26 审核无误的原始凭证在 No. 9-27 上编制业务 26 的通用记账凭证。

No. 9-27

通用记账凭证

年　　月　　日　　　　　　　　第　　号

摘要	会计科目		过账	借方金额									贷方金额								
	总账科目	明细科目		百	十	万	千	百	十	元	角	分	百	十	万	千	百	十	元	角	分
附件　张	合　　计																				

会计主管：　　　　记账：　　　　审核：　　　　制单：

业务 27：原始凭证及其所反映的经济业务如图 9-24 所示。

美芝公司利息计提表

贷款银行：中国工商银行金井营业点　　　　2020 年 3 月 31 日

项目	用　　途	本　　金	预提期	年利率	每月预提	预提总额
短期借款	补充流动资金	200 000.00	1 年	7.2%	1 200.00	14 400.00
合　计		200 000.00			1 200.00	14 400.00

制表人：江城子　　　　复核人：杨佳兴

图 9-24　美芝公司利息计提表

请根据业务 27 审核无误的原始凭证在 No. 9-28 上编制业务 27 的通用记账凭证。

No. 9-28

通用记账凭证

年　　月　　日　　　　第　　号

摘　要	会计科目		过账	借方金额									贷方金额								
	总账科目	明细科目		百	十	万	千	百	十	元	角	分	百	十	万	千	百	十	元	角	分
附件　张	合　　计																				

会计主管：　　　　记账：　　　　审核：　　　　制单：

业务 28：原始凭证及其所反映的经济业务如图 9-25 所示。

中国农业银行晋江支行计收利息清单（收款通知）

账号：53140100001569　　　　2020年3月30日

单位名称	晋江美芝服饰有限公司	结算户	
计息起讫日期	2020/2/28~2020/3/30		
存款户账号	计息总积数	月利率	利息金额
53140100001569	500 000.00	0.1%	500.00

你单位上述应收存款利息已划入你单位账号

此致：借款单位（银行盖章）　　　　此致：借款单位（银行盖章）

复核　　　　记账

中国农行晋江市支行 金井营业所 2020.3.30 讫

图 9-25　收款通知单

请根据业务 28 审核无误的原始凭证在 No. 9-29 上编制业务 28 的通用记账凭证。

No. 9-29

通用记账凭证

年　月　日　　　　第　号

摘要	会计科目		过账	借方金额									贷方金额								
	总账科目	明细科目		百	十	万	千	百	十	元	角	分	百	十	万	千	百	十	元	角	分
附件　张	合　　计																				

会计主管：　　记账：　　审核：　　制单：

业务 29：原始凭证及其所反映的经济业务如图 9-26、图 9-27 所示。

美芝服饰出库单

发货仓库：第 2 号仓　　收货方：雄安新区百货有限公司

发货日期：2020. 3. 8　　地 址：雄安新区千年路 19 号

编 号	品名规格	单位	数 量	成本价	金额								
					百	十	万	千	百	十	元	角	分
B02	男式茄克	件	4 000	50.00		2	0	0	0	0	0	0	0
合计金额（大写）人民币贰拾万元整					¥	2	0	0	0	0	0	0	0
出货单位及经手人	（盖章）				收货（或运送）单位及经手人				（盖章）				

第四联 财务

图 9-26　美芝服饰出库单

美芝服饰出库单

发货仓库：第 2 号仓　　收货方：北京新街口百货有限公司

发货日期：2020. 3. 20　　地 址：北京新街口 118 号

编 号	品名规格	单位	数 量	成本价	金额								
					百	十	万	千	百	十	元	角	分
B02	女式茄克	件	3 000	48.00		1	4	4	0	0	0	0	0
合计金额（大写）人民币壹拾肆万肆仟元整					¥	1	4	4	0	0	0	0	0
出货单位及经手人	（盖章）				收货（或运送）单位及经手人				（盖章）				

第四联 财务

图 9-27　美芝服饰出库单

请根据业务 29 审核无误的原始凭证在 No. 9-30 上编制业务 29 的通用记账凭证。

说明：由于出库单只有两笔，故不另外汇总，直接根据出库单结转已销商品成本。

No. 9-30

通用记账凭证

年　月　日　　　　第　号

摘要	会计科目		过账	借方金额									贷方金额								
	总账科目	明细科目		百	十	万	千	百	十	元	角	分	百	十	万	千	百	十	元	角	分
附件　张	合　计																				

会计主管：　　　记账：　　　审核：　　　制单：

业务 30：原始凭证及其所反映的经济业务如图 9-28 所示。

美芝服饰出库单

发货仓库：第 1 号仓　　　　收货方：大发集团

发货日期：2020. 3. 9　　　　地　址：晋江金井滨海路 55 号

编　号	品名规格	单位	数　量	成本价	金额								
					百	十	万	千	百	十	元	角	分
A05	纽扣	包	50	18.00					9	0	0	0	0
合计金额（大写）人民币玖佰元整								¥	9	0	0	0	0
出货单位及经手人（盖章）					收货（或运送）单位及经手人（盖章）								

第四联　财务

图 9-28　美芝服饰出库单

请根据业务 30 审核无误的原始凭证在 No. 9-31 上编制业务 30 的通用记账凭证。

No. 9-31

通用记账凭证

年　月　日　　　　第　号

摘要	会计科目		过账	借方金额									贷方金额								
	总账科目	明细科目		百	十	万	千	百	十	元	角	分	百	十	万	千	百	十	元	角	分
附件　张	合　计																				

会计主管：　　　记账：　　　审核：　　　制单：

业务 31：原始凭证及其所反映的经济业务如图 9-29 所示。

库存现金盘点表

2020 年 3 月 31 日

实存金额	账存金额	盘盈	盘亏
2150.00	2059.00	9.00	
备　　注			

盘点人：杨佳兴　　　　　　出纳员：才向前

图 9-29　库存现金盘点表

请根据业务 31 审核无误的原始凭证在 No. 9-32 上编制业务 31 的通用记账凭证。

No. 9-32

通用记账凭证

年　　月　　日　　　　　　　　　　第　　号

<table>
<tr><td rowspan="2">摘 要</td><td colspan="2">会计科目</td><td rowspan="2">过账</td><td colspan="9">借方金额</td><td colspan="9">贷方金额</td></tr>
<tr><td>总账科目</td><td>明细科目</td><td>百</td><td>十</td><td>万</td><td>千</td><td>百</td><td>十</td><td>元</td><td>角</td><td>分</td><td>百</td><td>十</td><td>万</td><td>千</td><td>百</td><td>十</td><td>元</td><td>角</td><td>分</td></tr>
<tr><td></td><td></td><td></td><td></td><td></td><td></td><td></td><td></td><td></td><td></td><td></td><td></td><td></td><td></td><td></td><td></td><td></td><td></td><td></td><td></td><td></td><td></td></tr>
<tr><td></td><td></td><td></td><td></td><td></td><td></td><td></td><td></td><td></td><td></td><td></td><td></td><td></td><td></td><td></td><td></td><td></td><td></td><td></td><td></td><td></td><td></td></tr>
<tr><td>附件　张</td><td colspan="2">合　　　计</td><td></td><td></td><td></td><td></td><td></td><td></td><td></td><td></td><td></td><td></td><td></td><td></td><td></td><td></td><td></td><td></td><td></td><td></td><td></td></tr>
</table>

会计主管：　　　　记账：　　　　审核：　　　　制单：

业务 32：在 No. 9-33 上，按会计准则的规定对盘盈的现金进行处理，编制记账凭证。

No. 9-33

通用记账凭证

年　　月　　日　　　　　　　　　　第　　号

<table>
<tr><td rowspan="2">摘 要</td><td colspan="2">会计科目</td><td rowspan="2">过账</td><td colspan="9">借方金额</td><td colspan="9">贷方金额</td></tr>
<tr><td>总账科目</td><td>明细科目</td><td>百</td><td>十</td><td>万</td><td>千</td><td>百</td><td>十</td><td>元</td><td>角</td><td>分</td><td>百</td><td>十</td><td>万</td><td>千</td><td>百</td><td>十</td><td>元</td><td>角</td><td>分</td></tr>
<tr><td></td><td></td><td></td><td></td><td></td><td></td><td></td><td></td><td></td><td></td><td></td><td></td><td></td><td></td><td></td><td></td><td></td><td></td><td></td><td></td><td></td><td></td></tr>
<tr><td></td><td></td><td></td><td></td><td></td><td></td><td></td><td></td><td></td><td></td><td></td><td></td><td></td><td></td><td></td><td></td><td></td><td></td><td></td><td></td><td></td><td></td></tr>
<tr><td>附件　张</td><td colspan="2">合　　　计</td><td></td><td></td><td></td><td></td><td></td><td></td><td></td><td></td><td></td><td></td><td></td><td></td><td></td><td></td><td></td><td></td><td></td><td></td><td></td></tr>
</table>

会计主管：　　　　记账：　　　　审核：　　　　制单：

业务 33：原始凭证及其所反映的经济业务如图 9-30 所示。

收入收益类账户本月发生额(结转前)

2020年3月31日

账户名称	借方发生额	贷方发生额
主营业务收入		777 000.00
其他业务收入		1 200.00
营业外收入		9.00
合　计		778 209.00

制表人：江城子　　　　复核人：杨佳兴

图 9-30　收入收益类账户本月发生额

请根据业务33审核无误的原始凭证在No. 9-34上编制结转收入、收益类账户本期发生额的通用记账凭证。

No. 9-34

通用记账凭证

年　　月　　日　　　　　　**第　　号**

摘　要	会计科目		过账	借方金额									贷方金额								
	总账科目	明细科目		百	十	万	千	百	十	元	角	分	百	十	万	千	百	十	元	角	分
附件　张	合　　计																				

会计主管：　　　　**记账：**　　　　**审核：**　　　　**制单：**

业务34：原始凭证及其所反映的经济业务如图9-31所示。

成本费用支出类账户本月发生额(结转前)

2020年3月31日

账户名称	借方发生额	贷方发生额
主营业务成本	344 000.00	
其他业务成本	900.00	
税金及附加	6 356.40	
管理费用	97 470.00	
销售费用	108 088.00	
财务费用	1 200.00	500.00
合　计	558 014.40	500.00

制表人：江城子　　　　复核人：杨佳兴

图 9-31　成本费用支出类账户本月发生额

请根据业务 34 审核无误的原始凭证在 No. 9-35 上编制结转成本、费用类账户本期发生额的通用记账凭证。

No. 9-35

通用记账凭证

年　月　日　　　　第　号

摘要	会计科目		过账	借方金额									贷方金额								
	总账科目	明细科目		百	十	万	千	百	十	元	角	分	百	十	万	千	百	十	元	角	分
附件　张	合　计																				

会计主管：　　记账：　　审核：　　制单：

业务 35：在 No. 9-36 上编制提取本月应交所得税 54 792. 55 元的记账凭证。

No. 9-36

通用记账凭证

年　月　日　　　　第　号

摘要	会计科目		过账	借方金额									贷方金额								
	总账科目	明细科目		百	十	万	千	百	十	元	角	分	百	十	万	千	百	十	元	角	分
附件　张	合　计																				

会计主管：　　记账：　　审核：　　制单：

业务 36：在 No. 9-37 上编制结转所得税费用的记账凭证。

No. 9-37

通用记账凭证

年　月　日　　　　第　号

摘要	会计科目		过账	借方金额									贷方金额								
	总账科目	明细科目		百	十	万	千	百	十	元	角	分	百	十	万	千	百	十	元	角	分
附件　张	合　计																				

会计主管：　　记账：　　审核：　　制单：

二、登记日记账

有关总账和明细账的期初余额见图 9-32。

期初余额表

总账科目	明细账科目	借 方	贷 方
库存现金		1 000. 00	
银行存款		600 000. 00	
原材料	润滑油 拉链 纽扣	48×10 =480. 00 3000×0. 5=1500. 00 40×18 =720. 00	
其他应收款	李美娜	1 000. 00	
应收账款	北京新街口百货	234 000. 00	
库存商品	男式夹克 女式夹克	1 000×50=50 000. 00 1 000×48=48 000. 00	
固定资产		6 950 000. 00	
累计折旧			3 336 120. 00
短期借款			200 000. 00
应付利息			1 200. 00
应付职工薪酬			358 000. 00
生产成本	男式夹克 女式夹克	49 450. 80 4 290. 20	
实收资本			2 500 000. 00
盈余公积			1 200 000. 00
本年利润			381 846. 00
利润分配		36 725. 00	
合 计		7 977 166. 00	7 977 166. 00

图 9-32 期初余额表展示图

1. 登记库存现金日记账

在 No. 9-38 上登记库存现金的期初余额、本期发生额并进行月结。

No. 9-38

库存现金日记账

年		凭证号数	摘要	借方金额								核对	贷方金额								余额							
月	日			十	万	千	百	十	元	角	分		十	万	千	百	十	元	角	分	十	万	千	百	十	元	角	分
			期初余额																									

2. 登记银行存款日记账。

在 No. 9-39 上登记银行存款日记账的期初余额、本期发生额并进行月结。

No. 9-39

银行存款日记账

年		凭证号数	摘要	借方金额								核对	贷方金额								余额							
月	日			十	万	千	百	十	元	角	分		十	万	千	百	十	元	角	分	十	万	千	百	十	元	角	分

三、登记明细账

1. 登记三栏式明细账（以应收账款为例）。

（1）在 No. 9-40 上登记“应收账款——北京新街口百货”的期初余额、本期发生额，并进行月结。

No. 9-40

明细分类账

总账科目：应收账款
明细科目：北京新街口百货有限公司　　　　**第　页**

2020年		凭证号数	摘要	借方金额								核对号	贷方金额								借或贷	余额							
月	日			十	万	千	百	十	元	角	分		十	万	千	百	十	元	角	分		十	万	千	百	十	元	角	分

(2)在 No. 9-41 上登记“应收账款——大发集团”期初余额、本期发生额，并进行月结。

No. 9-41

明细分类账

总账科目：应收账款
明细科目：大发集团　　　　**第　页**

2020年		记账凭证		摘要	借方金额								核对号	贷方金额								借或贷	余额							
月	日	种类	号数		十	万	千	百	十	元	角	分		十	万	千	百	十	元	角	分		十	万	千	百	十	元	角	分

2. 登记数量金额式明细账(以原材料、库存商品为例)

(1)在 No. 9-42 上登记“原材料——润滑油”期初余额、本期发生额，并进行月结。

No. 9-42

物资明细账

第　页

名称规格：原材料——润滑油　**存放地点：**第一仓库　**计量单位：瓶**

2020年		凭证号数	摘要	借（收入）方			贷（发出）方			结存		
月	日			数量	单价	金额	数量	单价	金额	数量	单价	金额

(2)在 No. 9-43 上登记“原材料——拉链”的期初余额、本期发生额，并进行月结。

No. 9-43

物资明细账

名称规格：原材料——拉链　　存放地点：第一仓库　　计量单位：码　　第　页

2020年		凭证号数	摘要	借（收入）方			贷（发出）方			结存		
月	日			数量	单价	金额	数量	单价	金额	数量	单价	金额

（3）在 No. 9-44 上“原材料——锦棉布”期初余额、本期发生额，并进行月结。

No. 9-44

物资明细账

第　页

名称规格：原材料——锦棉布　　存放地点：第一仓库　　计量单位：米

2020年		凭证号数	摘要	借（收入）方			贷（发出）方			结存		
月	日			数量	单价	金额	数量	单价	金额	数量	单价	金额

（4）在 No. 9-45 上登记“原材料——纽扣”期初余额、本期发生额并进行月结。

No. 9-45

物资明细账

第　页

名称规格：原材料——纽扣　　存放地点　第一仓库　　计量单位：包

2020年		凭证号数	摘要	借（收入）方			贷（发出）方			结存		
月	日			数量	单价	金额	数量	单价	金额	数量	单价	金额

（5）在 No. 9-46 上登记“库存商品——男式夹克”的期初余额、本期发生额，并进行月结。

No. 9-46

物资明细账

第　页

名称规格：库存商品——男式夹克　　存放地点：第二仓库　　计量单位：件

2020年		凭证号数	摘要	借（收入）方			贷（发出）方			结存		
月	日			数量	单价	金额	数量	单价	金额	数量	单价	金额

(6) 在 No. 9-47 上登记“库存商品——女式夹克”的期初余额、本期发生额并进行月结。

No. 9-47

物资明细账 第　　页

名称规格：库存商品——女式茄克　**存放地点：**第二仓库　**计量单位：件**

2020年		凭证号数	摘要	借（收入）方			贷（发出）方			结存		
月	日			数量	单价	金额	数量	单价	金额	数量	单价	金额

3. 登记多栏式明细账（以“制造费用”“生产成本”“应交税费——应交增值税”为例）

(1) 在 No. 9-48 上登记“制造费用”明细账。

No. 9-48

制造费用明细账 第　　页

车间（部门）名称：基本生产车间

2020年		凭证号数	摘要	合计								物料消耗	水电费	折旧费	人工费	办公费
月	日			十	万	千	百	十	元	角	分					

(2) 在 No. 9-49 上登记“生产成本——男式夹克”本期发生额并进行月结。

No. 9-49

生产成本明细账 第　　页

产品名称：男式夹克　生产部门：第一生产车间

2020年		凭证号数	摘要	合计									成本项目		
月	日			百	十	万	千	百	十	元	角	分	直接材料	直接人工	制造费用
3	1		期初余额			4	9	4	5	0	8	0	18 000 00	18 270 00	13 180 80

(3)在 No. 9-50 上登记“生产成本——女茄克” 的本期发生额并进行月结。

No. 9-50

生产成本明细账 第 页

产品名称：女式夹克 生产部门：第一生产车间

2020年		凭证号数	摘要	合计									成本项目					
月	日			百	十	万	千	百	十	元	角	分	直接材料		直接人工		制造费用	
3	1		期初余额				4	2	9	0	2	0	1 511	00	1 556	00	1223	20

(4)在 No. 9-51 上登记“应交税费——应交增值税”本期发生额并进行月结。

No. 9-51

应交税费—应交增值税 第 页

2020年		凭证号数	摘要	借方金额			贷方金额			借或贷	余额
月	日			合计	进项税额	已交税金	合计	销项税额	进项转出		

说明："应交税费"总账下可设"未交增值税""应交所得税""应交消费税""应交城建税""应交教育费附加"等明细账，这些明细账一般采用三栏式。

四、登记总账

1. 根据期初余额表展示图(见图9-32)登记总账的期初余额。
2. 在No. 9-52上编制科目汇总表。

No. 9-52

科目汇总表(2020. 3. 1~2020. 3. 31)

总账科目	借方发生额	贷方发生额
库存现金		
银行存款		
在途物资		
应交税费		
原材料		
其他应收款		
应收账款		
库存商品		
累计折旧		
应付利息		
应付职工薪酬		
待处理财产损溢		
制造费用		
生产成本		
主营业务收入		
其他业务收入		
营业外收入		
主营业务成本		
其他业务成本		
税金及附加		
销售费用		
管理费用		
财务费用		
所得税费用		
实收资本		
资本公积		
本年利润		
合计		

3. 根据科目汇总表在 No. 9-53 ~ No. 9-82 中登记总账的本期发生额。

No. 9-53

总分类账

总第　页

分第　页

总账科目：库存现金

2020年		凭证号数	摘要	借方									核对	贷方									借或贷	余额								
月	日			百	十	万	千	百	十	元	角	分		百	十	万	千	百	十	元	角	分		百	十	万	千	百	十	元	角	分

No. 9-54

总分类账

总第　页

分第　页

总账科目：银行存款

2020年		凭证号数	摘要	借方									核对	贷方									借或贷	余额								
月	日			百	十	万	千	百	十	元	角	分		百	十	万	千	百	十	元	角	分		百	十	万	千	百	十	元	角	分

No. 9-55

总分类账

总第　页

分第　页

总账科目：在途物资

2020年		凭证号数	摘要	借方									核对	贷方									借或贷	余额								
月	日			百	十	万	千	百	十	元	角	分		百	十	万	千	百	十	元	角	分		百	十	万	千	百	十	元	角	分

No. 9-56

总分类账

总第　页

分第　页

总账科目：原材料

2020年		凭证号数	摘要	借方									核对	贷方									借或贷	余额								
月	日			百	十	万	千	百	十	元	角	分		百	十	万	千	百	十	元	角	分		百	十	万	千	百	十	元	角	分

No. 9-57

总分类账

总第　页
分第　页

总账科目：库存商品

2020年		凭证号数	摘要	借方									核对	贷方									借或贷	余额								
月	日			百	十	万	千	百	十	元	角	分		百	十	万	千	百	十	元	角	分		百	十	万	千	百	十	元	角	分

No. 9-58

总分类账

总第　页
分第　页

总账科目：应交税费

2020年		凭证号数	摘要	借方									核对	贷方									借或贷	余额								
月	日			百	十	万	千	百	十	元	角	分		百	十	万	千	百	十	元	角	分		百	十	万	千	百	十	元	角	分

No. 9-59

总分类账

总第　页
分第　页

总账科目：其他应收款

2020年		凭证号数	摘要	借方									核对	贷方									借或贷	余额								
月	日			百	十	万	千	百	十	元	角	分		百	十	万	千	百	十	元	角	分		百	十	万	千	百	十	元	角	分

No. 9-60

总分类账

总第　页
分第　页

总账科目：固定资产

2020年		凭证号数	摘要	借方									核对	贷方									借或贷	余额								
月	日			百	十	万	千	百	十	元	角	分		百	十	万	千	百	十	元	角	分		百	十	万	千	百	十	元	角	分

No. 9-61

总分类账

总第　页
分第　页

总账科目：累计折旧

2020年		凭证号数	摘要	借方									核对	贷方									借或贷	余额								
月	日			百	十	万	千	百	十	元	角	分		百	十	万	千	百	十	元	角	分		百	十	万	千	百	十	元	角	分

No. 9-62

总分类账

总第　页
分第　页

总账科目：短期借款

2020年		凭证号数	摘要	借方									核对	贷方									借或贷	余额								
月	日			百	十	万	千	百	十	元	角	分		百	十	万	千	百	十	元	角	分		百	十	万	千	百	十	元	角	分

No. 9-63

总分类账

总第　页
分第　页

总账科目：应付利息

2020年		凭证号数	摘要	借方									核对	贷方									借或贷	余额								
月	日			百	十	万	千	百	十	元	角	分		百	十	万	千	百	十	元	角	分		百	十	万	千	百	十	元	角	分

No. 9-64

总分类账

总第　页
分第　页

总账科目：应付职工薪报酬

2020年		凭证号数	摘要	借方									核对	贷方									借或贷	余额								
月	日			百	十	万	千	百	十	元	角	分		百	十	万	千	百	十	元	角	分		百	十	万	千	百	十	元	角	分

No. 9-65

总分类账

总第　页
分第　页

总账科目：待处理财产损溢

2020年		凭证号数	摘要	借方									核对	贷方									借或贷	余额								
月	日			百	十	万	千	百	十	元	角	分		百	十	万	千	百	十	元	角	分		百	十	万	千	百	十	元	角	分

No. 9-66

总分类账

总第　页
分第　页

总账科目：制造费用

2020年		凭证号数	摘要	借方									核对	贷方									借或贷	余额								
月	日			百	十	万	千	百	十	元	角	分		百	十	万	千	百	十	元	角	分		百	十	万	千	百	十	元	角	分

No. 9-67

总分类账

总第　页
分第　页

总账科目：生产成本

2020年		凭证号数	摘要	借方									核对	贷方									借或贷	余额								
月	日			百	十	万	千	百	十	元	角	分		百	十	万	千	百	十	元	角	分		百	十	万	千	百	十	元	角	分

No. 9-68

总分类账

总第　页
分第　页

总账科目：主营业务收入

2020年		凭证号数	摘要	借方									核对	贷方									借或贷	余额								
月	日			百	十	万	千	百	十	元	角	分		百	十	万	千	百	十	元	角	分		百	十	万	千	百	十	元	角	分

No. 9-69

总分类账

总第　页
分第　页

总账科目：其他业务收入

2020年		凭证号数	摘要	借方									核对	贷方									借或贷	余额								
月	日			百	十	万	千	百	十	元	角	分		百	十	万	千	百	十	元	角	分		百	十	万	千	百	十	元	角	分

No. 9-70

总分类账

总第　页
分第　页

总账科目：营业外收入

2020年		凭证号数	摘要	借方									核对	贷方									借或贷	余额								
月	日			百	十	万	千	百	十	元	角	分		百	十	万	千	百	十	元	角	分		百	十	万	千	百	十	元	角	分

No. 9-71

总分类账

总第　页
分第　页

总账科目：主营业务成本

2020年		凭证号数	摘要	借方									核对	贷方									借或贷	余额								
月	日			百	十	万	千	百	十	元	角	分		百	十	万	千	百	十	元	角	分		百	十	万	千	百	十	元	角	分

No. 9-72

总分类账

总第　页
分第　页

总账科目：其他业务成本

2020年		凭证号数	摘要	借方									核对	贷方									借或贷	余额								
月	日			百	十	万	千	百	十	元	角	分		百	十	万	千	百	十	元	角	分		百	十	万	千	百	十	元	角	分

No. 9-73

总分类账

总第　页
分第　页

总账科目：税金及附加

2020年		凭证号数	摘要	借方									核对	贷方									借或贷	余额								
月	日			百	十	万	千	百	十	元	角	分		百	十	万	千	百	十	元	角	分		百	十	万	千	百	十	元	角	分

No. 9-74

总分类账

总第　页
分第　页

总账科目：销售费用

2020年		凭证号数	摘要	借方									核对	贷方									借或贷	余额								
月	日			百	十	万	千	百	十	元	角	分		百	十	万	千	百	十	元	角	分		百	十	万	千	百	十	元	角	分

No. 9-75

总分类账

总第　页
分第　页

总账科目：管理费用

2020年		凭证号数	摘要	借方									核对	贷方									借或贷	余额								
月	日			百	十	万	千	百	十	元	角	分		百	十	万	千	百	十	元	角	分		百	十	万	千	百	十	元	角	分

No. 9-76

总分类账

总第　页
分第　页

总账科目：财务费用

2020年		凭证号数	摘要	借方									核对	贷方									借或贷	余额								
月	日			百	十	万	千	百	十	元	角	分		百	十	万	千	百	十	元	角	分		百	十	万	千	百	十	元	角	分

No. 9-77

总分类账

总第　页
分第　页

总账科目：所有税费用

2020年		凭证号数	摘要	借方									核对	贷方									借或贷	余额								
月	日			百	十	万	千	百	十	元	角	分		百	十	万	千	百	十	元	角	分		百	十	万	千	百	十	元	角	分

No. 9-78

总分类账

总第　页
分第　页

总账科目：实收资本

2020年		凭证号数	摘要	借方									核对	贷方									借或贷	余额								
月	日			百	十	万	千	百	十	元	角	分		百	十	万	千	百	十	元	角	分		百	十	万	千	百	十	元	角	分

No. 9-79

总分类账

总第　页
分第　页

总账科目：资本公积

2020年		凭证号数	摘要	借方									核对	贷方									借或贷	余额								
月	日			百	十	万	千	百	十	元	角	分		百	十	万	千	百	十	元	角	分		百	十	万	千	百	十	元	角	分

No. 9-80

总分类账

总第　页
分第　页

总账科目：盈余公积

2020年		凭证号数	摘要	借方									核对	贷方									借或贷	余额								
月	日			百	十	万	千	百	十	元	角	分		百	十	万	千	百	十	元	角	分		百	十	万	千	百	十	元	角	分

No. 9-81

总分类账

总第　页
分第　页

总账科目：本年利润

2020年		凭证号数	摘要	借方									核对	贷方									借或贷	余额								
月	日			百	十	万	千	百	十	元	角	分		百	十	万	千	百	十	元	角	分		百	十	万	千	百	十	元	角	分

No. 9-82

总分类账

总第 页
分第 页

总账科目：利润分配

2020年		凭证号数	摘要	借方									核对	贷方									借或贷	余额								
月	日			百	十	万	千	百	十	元	角	分		百	十	万	千	百	十	元	角	分		百	十	万	千	百	十	元	角	分

五、对账

1. 账证核对
2. 账账核对

（1）总账核对，请同学在 No. 9-83 上编制“期末余额平衡表”，并完成总账的核对。

No. 9-83

期末余额平衡表

科目名称	借方余额	贷方余额	科目名称	借方余额	贷方余额
库存现金			短期借款		
银行存款			应付利息		
应交税费			应付职工薪酬		
原材料			长期借款		
库存商品			实收资本		
应收账款			资本公积		
固定资产			盈余公积		
累计折旧			本年利润		
制造费用			利润分配		
生产成本			合　计		

（2）总账与日记账核对。

（3）总账与明细账核对。

在 No. 9-84 上，通过编制“原材料本期发生额及余额明细表”来完成总账的核对。

No. 9-84

原材料本期发生额及余额明细表

明细账户	计量单位	单价	期初余额		本期发生额				期末余额	
			数量	金额	借方(收入)		贷方(发出)		数量	金额
					数量	金额	数量	金额		
润滑油	瓶									
锦棉布	码									
拉 链	条									
纽 扣	枚									
合 计										

在 No. 9-85 上，通过编制“库存商品本期发生额及余额明细表”来完成。

No. 9-85

库存商品本期发生额及余额明细表

明细账户	计量单位	单价	期初余额		本期发生额				期末余额	
			数量	金额	借方(收入)		贷方(发出)		数量	金额
					数量	金额	数量	金额		
男式夹克	件									
女式夹克	件									
合 计										

在 No. 9-86 上，通过编制“应收账款本期发生额及余额明细表”来完成。

No. 9-86

应收账款本期发生额及余额明细表

明细账户	期初余额	本期发生额		期末余额
		借方	贷方	
北京新街口百货有限公司				
大发集团				
合计				

3. 账实核对

六、编制财务报表

对账无误后，开始编制财务会计报告。请在 No. 9-87 上编制利润表，在 No. 9-88 上编制资产负债表。

No. 9-87

利　润　表(简表)

企业 02 表

编制单位：　　　　　　　　　　年　月　　　　　　　　　　单位：元

项　　目	本期金额	上期金额
一、营业收入		
减：营业成本		
税金及附加		
销售费用		
管理费用		
研发费用		
财务费用(收益以“-”号填列)		
加：其他收益		
投资收益(损失以“-”号填列)		
其中：对联营企业和合营企业的投资收益		
净敞口套期收益(损失以“-”号填列)		
公允价值变动收益(损失以“-”号填列)		
资产处置收益(损失以“-”号填列)		
二、营业利润		
加：营业外收入		
减：营业外支出		
三、利润总额(亏损总额以“-”号填列)		
减：所得税费用		
四、净利润(净亏损以“-”号填列)		
五、其他综合收益的税后净额		
六、综合收益总额		

No. 9-88

资产负债表(简表)

年　月　日　　　　企业 01 表

编制单位:　　　　单位：元

资　　产	行次	年初数	年末数	负债及所有者权益	行次	年初数	年末数
流动资产：				流动负债：			
货币资金				短期借款			
应收票据				应付票据			
应收账款				应付账款			
预付账款				预收账款			
其他应收款				应付职工薪酬			
存货				应交税费			
一年内到期非流动资产				其他应付款			
其他流动资产				一年内到期非流动负债			
流动资产合计				其他流动负债			
非流动资产：				流动负债合计			
可供出售金融资产				非流动负债：			
持有至到期投资				长期借款			
长期应收款				应付债券			
长期股权投资				长期应付款			
固定资产				其他非流动负债			
在建工程				非流动负债合计			
无形资产				负债合计			
开发支出				所有者(或股东)权益：			
商誉				实收资本(或股本)			
长期待摊费用				资本公积			
其他非流动资产				其他综合收益			
非流动资产合计				盈余公积			
				未分配利润			
				所有者(或股东)权益合计			
资产总计				负债和所有者权益总计			

项目十
会计信息质量要求

【理论题】

一、单项选择题

1. (　　)是会计核算空间范围的界定。

A. 会计主体　　B. 持续经营　　C. 会计分期　　D. 货币计量

2. 不属于甲企业会计核算范围的是(　　)。

A. 甲企业购入一辆汽车　　B. 甲企业老板个人购入一辆轿车

C. 甲企业从乙企业购进一批材料　　D. 甲企业向希望工程捐款

3. 一旦有证据表明(　　)的基本前提不成立，企业的会计核算必须改用清算基础。

A. 会计主体　　B. 持续经营　　C. 会计分期　　D. 货币计量

4. 不属于会计信息质量要求的是(　　)。

A. 可靠性　　B. 可比性　　C. 真实性　　D. 重要性

5. 相关性是以(　　)为基础的。

A. 可靠性　　B. 可比性　　C. 可理解性　　D. 重要性

6. 如果会计信息省略或错报会影响使用者的经济决策，该信息具有(　　)。

A. 可靠性　　B. 可比性　　C. 可理解性　　D. 重要性

7. 谨慎性要求企业不得(　　)。

A. 低估资产　　B. 低估收益　　C. 高估负债　　D. 低估费用

8. 我国上市公司按时披露年报、季报就是会计信息(　　)的具体表现。

A. 相关性　　B. 谨慎性　　C. 及时性　　D. 实质重于形式

9. (　　)不属于会计信息的首要质量要求。

A. 相关性　　B. 可靠性　　C. 可理解性　　D. 实质重于形式

10. 融资租入固定资产，从法律形式上讲还不是企业的资产，但在会计核算上还是要确认为企业的资产，反映在企业的资产负债表上，这体现了(　　)的会计信息质量要求。

A. 相关性　　B. 可靠性　　C. 可理解性　　D. 实质重于形式

11. (　　)是会计法律制度中层次最高的法律规范，是制定其他会计法规的依据，是指导会计工作的最高准则。

A. 中华人民共和国会计法　　B. 宪法
C. 注册会计师法　　D. 企业会计准则——基本准则

12. 我国实行注册会计师全国统一考试制度，考试成绩合格并从事(　　)工作两年以上才可以申请成为注册会计师。

A. 会计业务　　B. 统计业务　　C. 审计业务　　D. 稽查业务

13. (　　)由国务院发布或由国务院有关部门拟定经国务院批准后发布，是调整经济生活中某些方面会计关系的法律规范。

A. 会计法律　　B. 会计行政法规
C. 会计部门规章　　D. 地方性会计法规

14. 会计业务量不大的单位，可以不单独设置会计机构，但也要在有关机构中配备会计人员并指定会计主管人员，其中会计主管人员相当于(　　)。

A. 主办会计　　B. 会计机构负责人
C. 会计主管　　D. 高级会计师

15. (　　)先生是"中国现代会计之父"。

A. 潘序伦　　B. 谢霖　　C. 葛家澍　　D. 杨纪琬

16. 会计职业道德的精髓是(　　)。

A. 爱岗敬业　　B. 诚实守信　　C. 客观公正　　D. 奉献社会

17. 会计职业道德的归宿是(　　)。

A. 爱岗敬业、诚实守信　　B. 廉洁自律、客观公正
C. 坚持准则、提高技能　　D. 强化服务、奉献社会

18. (　　)是会计职业道德的基础，也是会计工作者获得事业成功的基石。

A. 爱岗敬业　　B. 诚实守信　　C. 坚持准则　　D. 提高技能

19. (　　)是会计职业道德的内在要求。

A. 爱岗敬业　　B. 诚实守信　　C. 坚持准则　　D. 廉洁自律

20. 参与管理，是指会计人员利用会计信息(　　)。

A. 直接参与企业的管理活动　　B. 间接参与企业的管理活动
C. 为企业谋取利润　　D. 为企业作出决策

二、多项选择题

1. (　　)的记账基础是权责发生制。

A. 企业财务会计　　B. 事业单位的经营业务会计
C. 行政单位会计　　D. 事业单位的非经营业务会计

2. 会计核算的基本前提包括(　　)。

A. 会计主体　　B. 持续经营　　C. 会计分期　　D. 货币计量

3. 我国会计年度采用公历制，与(　　)相一致，有利于国家进行宏观经济管理。

A. 财政年度　　B. 计划年度　　C. 统计年度　　D. 税务年度

4. 关于记账本位币，下列表述中，正确的有(　　)。

A. 中国境内的企业，会计核算应当以人民币为记账本位币

B. 业务收支以人民币以外的货币为主的单位，可以选定其中一种作为记账本位币
C. 以人民币以外的货币为记账本位币的，编报的财务会计报表可以不用人民币
D. 以人民币以外的货币为记账本位币的，编报的财务会计报表应当折算为人民币
5. 5 月销售产品，6 月收到货款，下列表述中，正确的是(　　)。
A. 按权责发生制应确认为 5 月份的销售收入
B. 按权责发生制应确认为 6 月份的销售收入
C. 按收付实现制应确认为 5 月份的销售收入
D. 按收付实现制应确认为 6 月份的销售收入
6. 应当在符合(　　)的前提下，保证会计信息的完整性。
A. 实质重于形式　　B. 成本效益
C. 重要性　　D. 财税部门相关规定
7. 相关的会计信息具有(　　)的价值。
A. 预测　　B. 预知　　C. 反馈　　D. 避税
8. 可比性是指财务报告信息与(　　)。
A. 同一企业在不同的会计期间具有可比性
B. 同一地区的所有单位在相同时期具有可比性
C. 不同企业在相同的会计期具有可比性
D. 不同地区的所有单位在相同的会计期间具有可比性
9. 企业可以从项目(　　)对其重要性进行判断。
A. 是否属于企业日常经营活动　　B. 负责人
C. 单项金额占总额的比重　　D. 产生的利润和税收
10. 企业(　　)符合谨慎性的要求。
A. 按规定提取坏账准备　　B. 按规定提取资产减值准备
C. 提取秘密准备　　D. 采用加速折旧法提取折旧
11. 属于会计行政法规的有(　　)。
A.《中华人民共和国会计法》　　B.《总会计师条例》
C.《注册会计师法》　　D.《企业财务会计报告条例》
12. 属于会计部门规章的有(　　)。
A. 企业会计准则　　B. 会计基础工作规范
C. 会计档案管理办法　　D. 财政部门实施会计监督办法
13. (　　)的人民代表大会及其常务委员会在与宪法、法律和行政法规不相抵触的前提下，可以根据本地区情况制定、发布的会计规范性文件。
A. 深圳经济特区　　B. 新疆维吾尔自治区
C. 重庆市　　D. 福建省安溪县
14. 企业应根据(　　)来设置会计机构，配备会计人员。
A. 规模的大小　　B. 会计业务的繁简
C. 单位的性质　　D. 管理的要求
15. 集中核算是指会计核算工作由企业财务会计部门集中统一进行，企业各职能部门、

生产车间及其相关人员在经济业务发生或完成时(　　)。

A. 进行原始记录　　B. 做好原始凭证的取得、填制工作

C. 做好原始凭证的审核、汇总工作　　D. 进行会计核算

16. 会计人员的职业道德包括(　　)。

A. 爱岗敬业、诚实守信　　B. 廉洁自律、客观公正

C. 坚持准则、提高技能　　D. 参与管理、强化服务

17. 下列表述中正确的有(　　)。

A. 会计是一门专业性和技术性很强的工作

B. 会计人员只有不断提高专业技能，才能保持持续的专业胜任能力

C. 会计人员只有听老板的话，为企业服务，才能保持持续的专业胜任能力

D. 做假账也是会计必须掌握的专业技能

18. 关于客观公正，下列表述中正确的有(　　)。

A. 客观公正是会计职业道德所追求的理想目标

B. 客观是公正的基础，公正是客观的反映

C. 公正是客观的基础，客观是公正的反映

D. 要做到客观公正，会计人员就必须依法办事，实事求是

19. 会计职业道德中，“坚持准则”包括(　　)。

A. 会计法律、会计行政法规　　B. 会计部门规章

C. 地方性会计法规　　D. 与会计工作相关的法律制度如公司法、税法等

20. 社会主义核心价值观的正确表述有(　　)。

A. 爱岗　　B. 敬业　　C. 诚信　　D. 公正

三、判断题

1. 会计核算的基本前提是全部会计工作的基础。(　　)

2. 会计主体一定是法律主体，但法律主体不一定是会计主体。(　　)

3. 中期是短于一个完整的会计年度的报告期间，包括月度、季度和半年度。(　　)

4. 货币计量还包含了币值稳定的假设。(　　)

5. 会计分期假设产生了本期与非本期的区别，也就产生了不同的记账基础。(　　)

6. 多数情况下，交易或事项的经济实质和法律形式是不一致的。(　　)

7. 可靠、相关的会计信息，如不及时提供，对使用者的效用会大大降低。(　　)

8. 会计信息是否具有价值，关键看其与使用者的经济决策需要是否相关。(　　)

9. 可靠性要求企业应当披露所有的会计信息。(　　)

10. 提高技能是会计工作者的义务，也是在职业活动中坚持准则的前提。(　　)

11. 不同企业发生的相同或者相似的交易或者事项，应当采用一致的会计政策，确保会计信息口径一致，相互可比。(　　)

12. 国家有规定会计政策必须变更，国家无规定则不得变更。(　　)

13. 次级质量要求，是对首要会计信息质量要求的补充和完善。(　　)

14. 会计处理各类经济事项必须具有法律规范的约束。(　　)

15. 注册会计师执行业务，必须加入注册会计师事务所。 ( )

16. 我国会计法律制度比较完善，企业不必建立《内部会计管理制度》。 ( )

17. 会计工作组织是指安排、协调、管理企业会计工作的活动或过程。 ( )

18. 企业委托记账公司代理记账，必须配专人负责日常货币资金的收支和保管。 ( )

19. 出纳人员不得兼任现金日记账、银行存款日记账之外其他账簿的登记工作。 ( )

20. 会计核算的每一个环节都必须坚持“内部牵制”的原则，才能有效防范伪造账目等不法行为。 ( )

【业务题】

某企业2020月1月发生下列业务(部分业务)。

1. 1月1日，预付第一季度房租6 000元。

2. 1月4日，支付2019年第四季度流动借款利息3 600元。

3. 1月9日，销售A产品，收到货款300 000元，存入银行。

4. 1月10日，从银行提取现金3 000元备用。

5. 1月25日，收到上月销货款180 000元。

6. 1月30日，分摊本月应负担的书报杂志费1 200元。

根据上述资料，计算填写No. 10-1中的有关数据。

No. 10-1

项 目	权责发生制		收付实现制	
	收入	费用	收入	费用
1				
2				
3				
4				
5				
6				
7				
合 计				

项目十一 综合测试题

第一部分(选择判断题，共100分)

一、单项选择题(在每小题的4个备选答案中选出一个正确的答案，填入括号中，每答对一小题得2分，本大题满分50分)

1. 宋代“四柱清册”中的“旧管”相当于现在的(　　)。

A. 期初余额　　B. 本期增加额　　C. 本期减少额　　D. 期末余额

2. 企业负债总额400万，所有者权益总额600万，则净资总额为(　　)。

A. 1000万　　B. 600万　　C. 400万　　D. 200万

3. 下列属于企业非流动负债的是(　　)。

A. 应交税费　　B. 预收账款　　C. 应付债券　　D. 预付账款

4. 会计的基本职能是(　　)。

A. 预测与决策　　B. 直接参与企业管理

C. 记账、算账和报账　　D. 反映与控制

5. 假如某企业某账户期初余额为2500元，本期增加方发生额为1300元，本期减少方发生额1900元，则该账户本期期末余额为(　　)元。

A. 1900　　B. 1300　　C. 3100　　D. 2500

6. 在借贷记账法下，借方表示(　　)。

A. 损益类账户的增加

B. 资产类账户的增加以及权益类账户的减少

C. 损益类账户的减少

D. 资产类账户的增加及权益类账户的增加

7. 下列账户中，期末可能出现借方余额的是(　　)。

A. 短期借款　　B. 累计折旧　　C. 制造费用　　D. 盈余公积

8. 下列属于原始凭证的单据是(　　)。

A. 生产计划　　B. 银行存款余额调节表

C. 销售合同　　D. 账存实存对比表

9. 记账凭证的金额(　　)所附原始凭证的金额。

A. 必须等于　B. 可能等于　C. 可能大于　D. 可能小于

10. 以下经济业务中，应填制付款凭证的是(　　)。

A. 购入设备一台，价款尚未支付　B. 从银行提取现金

C. 销售产品一批，仓库已发货　D. 生产领用材料

11. 各种会计核算程序的主要区别在于(　　)的依据和方法不同。

A. 编制和汇总原始凭证　B. 编制记账凭证

C. 登记总分类账　D. 登记明细分类账

12. 能引起权益类项目有增有减的经济业务是(　　)。

A. 接受投资人投入设备　B. 归还银行借款

C. 购入材料，价税款暂欠　D. 用盈余公积金弥补亏损

13. 登记账簿的直接依据是(　　)。

A. 记账凭证　B. 原始凭证　C. 经济合同　D. 会计报表

14. 需要对企业财产物资进行全面清查的情形有(　　)。

A. 出现大量的未达账项时　B. 企业年终决算时

C. 企业更换会计主管人员　D. 企业更换出纳或保管员

15. "管理费用"账户一般采用(　　)明细账。

A. 三栏式　B. 数量金额式　C. 多栏式　D. 横线登记式

16. 企业的"银行存款日记账"是由(　　)登记的。

A. 企业会计人员　B. 企业审计人员

C. 银行工作人员　D. 企业出纳

17. 科目汇总表也是一种(　　)。

A. 记账凭证　B. 原始凭证　C. 会计账簿　D. 会计报表

18. 查找错账的方法有(　　)。

A. 划线法　B. 除 2 法　C. 红字冲销法　D. 技术推算法

19. 最基本的会计核算程序是(　　)。

A. 日记总账核算程序　B. 记账凭证汇总表核算程序

C. 记账凭证核算程序　D. 汇总记账凭证核算程序

20. (　　)会影响借贷双方的平衡关系。

A. 漏记某项经济业务　B. 某项经济业务在登账时颠倒记账方法

C. 重记某项经济业务　D. 某项经济业务在登账时多记借方金额

21. 根据《会计法》规定：我国企业的会计年度是(　　)。

A. 公历 1 月 1 日起至 12 月 31 日止

B. 农历正月初一起至除夕止

C. 公历 4 月 1 日起至次年的 3 月 31 日止

D. 由企业董事会根据经营特点自行决定

22. 企业"短期借款"账户期末余额，应在(　　)进行反映。

A. 利润表　B. 资产负债表

C. 现金流量表　D. 所有者权益变动表

23. 不影响企业营业利润的项目有(　　)。
A. 信用减值损失　　B. 主营业务收入
C. 营业外收入　　D. 其他业务成本
24. 会计报表的保管期限为(　　)。
A. 永久　　B. 三十年
C. 中报三十年，年报永久　　D. 中报十年，年报永久
25. 本质上，会计是企业的一种(　　)。
A. 经济管理活动　　B. 行政管理活动
C. 生产经营活动　　D. 盈利手段

二、多项选择题(少选、多选均不得分，每选对一小题得 3 分，本大题满分 30 分)

26. 会计核算的基本前提也叫会计假设，包括(　　)。
A. 会计主体　　B. 持续经营　　C. 会计分期　　D. 货币计量
27. 反映企业经营成果的会计要素有(　　)。
A. 收入　　B. 费用　　C. 利润　　D. 营业外收支
28. 一项经济业务发生后，引起银行存款减少 1 万元，则可能引起(　　)。
A. 应付账款减少 1 万元　　B. 短期借款增加 1 万元
C. 管理费用增加 1 万元　　D. 预收账款减少 1 万元
29. 编制会计分录就是按借贷记账法的规则，确定某项经济业务涉及的(　　)。
A. 会计账户名称　　B. 记账方向
C. 应记金额　　D. 经济业务的摘要
30. 企业的留存收益包括(　　)。
A. 实收资本　　B. 资本公积　　C. 盈余公积　　D. 未分配利润
31. 财产物资的盘存制度包括(　　)。
A. 收付实现制　　B. 权责发生制　　C. 永续盘存制　　D. 实地盘存制
32. 账簿按用途的不同进行分类，则账簿可以分为(　　)。
A. 分类账　　B. 序时账　　C. 订本账　　D. 备查账
33. 材料采购费用包括(　　)。
A. 材料的买价　　B. 运输途中合理损耗
C. 材料采购过程发生的运杂费　　D. 入库后的挑选整理费
34. 各种会计核算程序，共有的步骤是(　　)。
A. 根据原始凭证或原始凭证汇总表编制记账凭证
B. 根据会计凭证登记日记账，明细分类账
C. 根据会计凭证登记总分类账
D. 根据账簿记录编制会计报表
35. 反映企业财务状况的报表有(　　)。
A. 资产负债表　　B. 利润表(也叫损益表)
C. 现金流量表　　D. 利润分配表

三、判断选择题(判断每一小题，正确的打“√”，错误的打“×”，本题满分20分)

36. 会计核算对象就是企业的各项经济活动。 ( )

37. 收入是企业在非日常活动中形的，会导致所有者权益增加，与投资人投入资本无关的经济利润总流入。 ( )

38. 账簿记录通过试算平衡，如果借贷平衡，则说明记账准确无误。 ( )

39. 记账人员在记账凭证的“过账栏”打“✓”，表示登账准确无误。 ( )

40. 审核时发现原始凭证不真实、不合法，应退还经办人员更改后再受理。 ( )

41. 复式记账法的记账规则是“有借必有贷、借贷必相等”。 ( )

42. 账户的对应关系，是指某个账户借方与某个账户贷方的关系。 ( )

43. 资产按其流动性可分成流动资产和固定资产。 ( )

44. 结转已销产成本的生产成本应借记“生产成本”。 ( )

45. 提取财务人员的工资，应借记“财务费用”。 ( )

46. 原始凭证按用途的不同分成专用凭证和通用凭证。 ( )

47. 可以利用科目汇总表对本期期末余额进行试算平衡。 ( )

48. 银行存款日记账必须采用三栏式账页。 ( )

49. 制造费用如有期末余额，应在“存货”项目中进行反映。 ( )

50. 银行存款日记账与银行对账单进行核对属于账账核对。 ( )

51. 资产负债表各项目，应根据相应各账户的本期发生额填列。 ( )

52. 会计主体一定是法律主体，法律主体不一定是会计主体。 ( )

53. 编制财务会计报告必须数字真实、计算准则、内容完整、报送及时。 ( )

54. 年度终了，当年形成的会计档案可由本单位会计部门保管一年。 ( )

55.《中华人民共和国会计法》是会计法律制度中层次最高的法律规范，是制定其他会计法规的依据，是指导会计工作的最高准则。 ( )

第二部分(非选择题，共150分)

四、编制会计分录(本题共36小题，每小题3分，满分108分，要求标出必要的明细科目，其中应交税费、利润分配未标出明细科目的，整小题不得分)

资料：某企业为一般纳税人，2019年12月部分经济业务呈现如下：

56. 12月1日收到外商投入的商标权，公允价值300 000元，相关过户手续已办理。

57. 12月2日向某银行借入为期十个月的流动资金450 000元，款项已到账，

58. 12月5日向立华工厂购入A材料100吨，每吨100元，增值税进项税额1300元，价税款转账付讫，材料尚未到达。

59. 12月6日，以库存现金支付A材料运费300元，增值税27元。

60. 12月7日题58、59购入的A材料已验收入库，请结转其实际采购成本。

61. 12 月 10 日，转账支付明年书报杂志费 12 000 元。

62. 12 月 12 日，用现金购买办公用品，其中车间用品 100 元，行政部门用品 300 元。

63. 12 月 13 日，生产甲产品领用 A 材料 5 000 元、生产车间一般使用 A 材料 1 500 元，管理部门一般耗用 A 材料 2 000 元。

64. 12 月 15 日，转账支付职工薪酬 500 000 元。

65. 12 月 16 日，销售多余材料 800 元，增值税 104 元，款项转账收讫。

66. 12 月 16 日，开出现金支票，捐赠某福利院人民币 8000 元。

67. 12 月 17 日，收到前进工厂前欠货款 100 000 元，存入银行。

68. 12 月 18 日，厂部管理人员李华预借差旅费 1 200 元，出纳用现金支付。

69. 12 月 19 日，用银行存款偿还前欠某工厂货款 7 000 元。

70. 12 月 20 日，增值税专用发票及有关单据显示：公司向北联集团出售甲产品 1 000 件，每件售价 200 元，增值税 26 000 元，价税款已收存银行。

71. 12 月 21 日，李华出差回公司，报销差旅费 1 000 元，归还现金 200 元.

72. 12 月 23 日，用银行存款归还应由本月负担的短期借款利息 3 000 元。

73. 12 月 24 日，用银行存款支付行政管理部门办公费 1 200 元。

74. 12 月 31 日，转账支付本月应交增值税 240 000 元。

75. 12 月 31 日，分配本月职工工资 500 000 元，其中生产甲产品工人工资 250 000 元，车间管理人员工资 38 000 元，行政管理人员工资 92 000 元，专设销售机构人员工资 120 000 元。

76. 12 月 31 日，计提本月固定资产折旧 15 000 元，其中车间固定资产折旧 10 000 元，行政管理部门固定资产折旧 3 000 元，专设销售机构设备折旧 2 000 元。

77. 12 月 31 日，本月制造费用 54 200 元转入甲产品。

78. 12 月 31 日，甲产品全部完工入库，结转其实际成本 95 800 元。

79. 12 月 31 日，结转本月已售甲产品的销售成本 120 000 元。

80. 12 月 31 日，结转本月已销材料成本 600 元。

81. 12 月 31 日，结转收入收益类账户，其中主营业务收入 30 0000 元，其他业务收入 19 800 元，营业外收入 200 元。

82. 12 月 31 日，结转本月成本费用支出类账户，其中主营业务成本 120 000 元，其他业务成本 15 000 元，税金及附加费用 15 500 元，管理费用 25 500 元，销售费用 34 600 元，财务费用8 000元，营业外支出 1 400 元。

83. 12 月 31 日，计提本月应交所得税 25 000 元。

84. 12 月 31 日，将本月所得税费用转入本年利润。

85. 12 月 31 日，将全年实现的净利润 600 000 元转入“利润分配—未分配利润”账户。

86. 12 月 31 日，按全年实现净利润的 10%提取法定盈余公积。

87. 12 月 31 日，经研究决定向投资者分配利润 210 000 元。

88. 12 月 31 日，结平利润分配明细账户。

89. 12 月 31 日，转账支付投资者利润 210 000 元。

90. 12 月 31 日，企业用盈余公积 150 000 元转赠资本，相关手续已办理完毕。

91. 12 月 31 日，企业从银行借入为期一年的流动资金周转款项 500 000 元，相关手续办理完毕，款项已存入银行账户。

五、编制银行存款余额调节表（本题 14 分）

三山公司 2020 年 9 月 30 日，银行对账单余额为 43 000 元，企业银行存款日记账账面余额为 44 800 元，经核查，发现有以下未达账项：

（1）9 月 28 日公司存入银行一张面额 6 800 元的转账支票，银行未入账。

（2）9 月 29 日银行受托支付电费 8 000 元，企业未收到付款通知，尚未入账。

（3）9 月 30 日企业委托银行代收货款 4 000 元，银行已入账，企业未收到收款通知，尚未入账。

（4）9 月 30 日公司开出一张面 9 000 元的转账支票，持票人尚未到银行办理转账手续。

根据上述资料，编制“银行存款余额调节表”，如表 11-1 所示。

表 11-1 银行存款余额调节表

年 月 日 单位：

项目	金额	项目	金额
银行存款日记账余额		银行对账单余额	
加：		加：	
减：		减：	
调节后的余额		调节后的余额	

六、编制会计报表（本题 28 分）

三山公司 2020 年 10 月 31 有关账户余额如表 11-2 所示。

表 11-2 三山公司总分类账户余额表

三山公司总分类账户余额表 2020 年 10 月 31 日			
账户名称	借方余额	账户名称	贷方余额
库存现金	6 000	短期借款	90 000
银行存款	124 000	应付账款	20 000
应收账款	150 000	应付职工薪酬	25 000
在途物资	30 000	应交税费	10000
原材料	70 000	长期借款（无 1 年内到期借款）130 000	
库存商品	40 000	累计折旧	25 000
生产成本	20 000	累计摊销	17 000
固定资产	40 0000	实收资本	350 000
无形资产	60 000	资本公积	98 000
本年利润	50 000	盈余公积	100 000
		利润分配	85 000
合计	950 000		950 000

根据上述资料，编制简易的“资产负债表”，如表 11-3 所示。

表 11-3　资产负债表(简易)

资产及所有者权益	期末余额	年初余额	负债及所有者权益	期末余额	年初余额
流动资产：			流动负债：		
货币资金			短期借款		
应收账款			应付账款		
应收票据			应付职工薪酬		
存货			应交税费		
其他流动资产			流动负债合计		
流动资产合计			长期借款		
非流动资产：		略	负债合计		略
长期应收款			所有者权益：		
固定资产			实收资本		
无形资产			资本公积		
长期待摊费用			盈余公积		
其他非流动资产			利润分配		
非流动资产合计			所有者权益合计		
资产总计			权益总计		

参考答案

项目一　会计基础总论

【理论题】

一、单项选择题

1. C　2. A　3. C　4. B　5. B　6. B　7. B　8. D　9. D　10. C　11. C　12A

二、多项选择题

1. ABC　2. BD　3. ABCD　4. ABD　5. ABC　6. ABCD　7. ABD　8. BC　9. ABCD
10. ABC

三、判断题

1. ×　2. √　3. ×　4. √　5. √　6. √　7. √　8. √　9. √　10. ×

【业务题】

1. 某企业总经理可以报销的费用＝1200+720+3×120＝2 280(元)
2. 增加　所有者权益　3. 资产　增加　4. 增加　5. 减少　减少
6. 增加　减少　7. 资产　增加　8. 资产　增加

项目二　设 置 账 户

【理论题】

一、单项选择题

1. B　2. A　3. B　4. D　5. C　6. D　7. D　8. C　9. A　10. A　11. C　12. C

二、多项选择题

1. BCD　2. ABCD　3. CD　4. ABD　5. ABC　6. BCD　7. ABC　8. ABD　9. AC　10. ABC

三、判断题

1. √　2. ×　3. ×　4. ×　5. √　6. √　7. √　8. ×　9. ×　10. √

【业务题】

1.

会计科目	类别	会计科目	类别	会计科目	类别
应收账款	流动资产	预付账款	流动资产	无形资产	非流动资产
待处理财产损溢	流动资产	长期股权投资	非流动资产	累计摊销	非流动资产
固定资产	非流动资产	累计折旧	非流动资产	原材料	流动资产

续表

会计科目	类别	会计科目	类别	会计科目	类别
银行存款	流动资产	其他应收款	流动资产	应收票据	流动资产
库存商品	流动资产	周转材料	流动资产	库存现金	流动资产

2.

会计科目	类别	会计科目	类别	会计科目	类别
预收账款	流动负债	应付账款	流动负债	短期借款	流动负债
长期借款	非流动负债	应付职工薪酬	流动负债	长期应付款	非流动负债
资本公积	所有者权益	盈余公积	所有者权益	其他应付款	流动负债
应付票据	流动负债	应付债券	非流动负债	实收资本	所有者权益
应交税费	流动负债	应付股利	流动负债	应付利息	流动负债

3.

会计科目	性质	会计科目	性质	会计科目	性质
应收账款	借增贷减	预付账款	借增贷减	无形资产	借增贷减
待处理财产损溢	借增贷减	长期股权投资	借增贷减	累计摊销	借减贷增
固定资产	借增贷减	累计折旧	借减贷增	原材料	借增贷减
预收账款	借减贷增	应付账款	借减贷增	应交税费	借减贷增
长期借款	借减贷增	周转材料	借增贷减	库存现金	借增贷减
库存商品	借增贷减	资本公积	借减贷增	短期借款	借减贷增
应付票据	借减贷增	应付职工薪酬	借减贷增	实收资本	借减贷增
银行存款	借增贷减	其他应收款	借增贷减	应收票据	借增贷减
盈余公积	借减贷增	其他应付款	借减贷增	应付利息	借减贷增

项目三 复式记账

【理论题】

一、单项选择题

1. B　2. B　3. B　4. A　5. A　6. C　7. B　8. D

二、多项选择题

1. ABD　2. ABCD　3. BCD　4. ABC　5. BC　6. AB　7. AC　8. ACD

三、判断题

1. √　2×　3. √　4. ×　5. ×　6. √　7. √　8√

【业务题】

1. (1)

借：银行存款	5 000.00
贷：库存现金	5 000.00

(2)

借：原材料—A 材料	10. 000.00
应交税费——应交增值税(进项税额)	1 300.00
贷：银行存款	11 300.00

(3)

借：短期借款	50 000.00
贷：银行存款	50 000.00

(4)

借：原材料—B 材料	20 000.00
应交税费——应交增值税(进项税额)	2 600.00
贷：应付账款	22 600.00

(5)

借：固定资产—生产线	100 000.00
贷：实收资本——某投资人	100 000.00

2. 资产总额：1 068 700(元)　负债总额：368 700(元)　所有者权益：700 000(元)

项目四　主要经济业务的账务处理

子项目 1　资金筹集业务

【理论题】

一、单项选择题

1. B　2. D　3. D

二、多项选择题

1. ABCD　2. AC　3. AB

三、判断题

1. √　2. √　3. √　4. ×

【业务题】

1.

借：银行存款	200 000.00
贷：实收资本——新晨投资	200 000.00

2.

借：无形资产——专利技术　120 000.00
　贷：实收资本——乙投资者　10.0 000.00
　　资本公积　20 000.00

3.

借：银行存款　300 000.00
　贷：短期借款　300 000.00

4. 每月应提取利息 = 300 000×6%÷12 = 1 500（元）

借：财务费用　1 500.00
　贷：应付利息　1 500.00

5.

借：应付利息　3 000.00
　财务费用　1 500.00
　贷：银行存款　4 500.00

子项目 2　固定资产业务

【理论题】

一、单项选择题

1. A　2. B　3. C

二、多项选择题

1. ABD　2. BC

三、判断题

1. √　2. ×

【业务题】

1.

借：固定资产　300 000.00
　应交税费——应交增值税（进项税额）　39 000.00
　贷：银行存款　339 000.00

2.

借：管理费用　1 800.00
　制造费用　5 000.00
　销售费用　1 200.00
　贷：累计折旧　8 000.00

3.

借：制造费用——修理费　　5 000.00
　　管理费用——修理费　　2 000.00
　　销售费用——修理费　　3 000.00
　　应交税费——应交增值税(进项税额)(负债-)　　1 300.00
　　贷：银行存款　　11 300.00

子项目3　材料采购业务

【理论题】

一、单项选择题

1. C　2. C

二、多项选择题

ABD

三、判断题

1. ×　2. ×

【业务题】

一、

第一步：计算各种布料的总进价。

锦棉布总进价 = 5 000×18 = 90 000(元)
丝光布总进价 = 2 000×36 = 72 000(元)
里布的总进价 = 3 000× 9 = 27 000(元)

第二步：计算各种布料应承担的运杂费(假设以码数为分配标准)。

运费的分配率 = 1 000÷(5 000+2 000+3000) = 0. 10(元/码)
锦棉布应承担的运杂费 = 5 000×0. 10 = 500(元)
丝光布应承担的运杂费 = 2 000×0. 10 = 200(元)
里布应承担的运杂费 = 3 000×0. 10 = 300(元)

第三步：计算各种布料的采购总成本。

锦棉布的采购总成本 = 90 000+500 = 90 500(元)
丝光布的采购总成本 = 72 000+200 = 72 200(元)
里布的采购总成本 = 27 000+300 = 27 300(元)

第四步：计算各种布料的单位采购成本。

锦棉布的单位采购成本 = 90 500÷5 000 = 18. 10(元/码)
丝光布的单位采购成本 = 72200÷2 000 = 36. 10(元/码)
里布的单位采购成本 = 27300÷3 000 = 9. 10(元/码)

二、(1)

借：在途物资——锦棉布 90 000.00
　　　　　——丝光布 72 000.00
　　　　　——里布 27 000.00
　应交税费——应交增值税(进项税额) 24 570.00
　贷：银行存款 213 570.00

(2)

借：在途物资——锦棉布 450.00
　　　　　——丝光布 390.00
　　　　　——里布 360.00
　应交税费——应交增值税(进项税额) 108.00
　贷：库存现金 1 308.00

(3)

借：原材料——锦棉布 90 450.00
　　　　——丝光布 72 390.00
　　　　——里布 27 360.00
　贷：在途物资——锦棉布 90 450.00
　　　　　　——丝光布 72 390.00
　　　　　　——里布 27 360.00

(4)

借：预付账款——吴江织布厂 50 000.00
　贷：银行存款 50 000.00

(5)

借：原材料——锦棉布 97 000.00
　应交税费——应交增值税(进项税额) 12 610.00
　贷：预付账款——吴江织布厂 109 610.00

(6)

借：预付账款——吴江织布厂 59 610.00
　贷：银行存款 59 610.00

子项目4　生 产 业 务

【理论题】

一、单项选择题

1. A　2. C　3. A

二、多项选择题

1. ABCD　2. ABCD　3. ABCD

三、判断题

1. √　2. ×　3. ×

【业务题】

一、发出材料的核算

表 4-1　新美公司发出材料汇总表

2020 年 9 月 30 日　　单位：元

项目	锦棉布	丝光布	里布	润滑油	合计
男休闲西装	100 000. 00	50 000. 00	10 000. 00		160 000. 00
女休闲西装	100 000. 00	60 000. 00	15 000. 00		175 000. 00
生产车间				280. 00	280. 00
行政部门				120. 00	120. 00
合计	200 000. 00	110 000. 00	25 000. 00	400. 00	335 400. 00

本项事项编制会计分录如下：

借：生产成本——男休闲西装　160 000. 00
　　　　　　——女休闲西装　175 000. 00
　　制造费用——物料费　280. 00
　　管理费用——物料费　120. 00
　　贷：原材料——锦棉布　200 000. 00
　　　　　　　——丝光布　110 000. 00
　　　　　　　——里　布　25 000. 00
　　　　　　　——润滑油　400. 00

二、工资的核算

表 4-2　新美公司职工薪酬计提表

2020 年 9 月 30 日　　单位：元

项 目	基础工资	计件工资	加班工资	绩效工资	合 计
男休闲西装	20 000	60 000	40 000		120 000
女休闲西装	20 000	50 000	30 000		100 000
生产车间	20 000		15 000		35 000
行政部门	100 000		20 000	10 000	130 000
专设销售机构	30 000			60 000	90 000
合　　计	190 000	110 000	105 000	70 000	475 000

本事项编制会计分录如下：

借：生产成本——男休闲西装　120 000.00
　　　　——女休闲西装　100 000.00
　　制造费用——人工费　35 000.00
　　管理费用——人工费　130 000.00
　　销售费用——人工费　90 000.00
　　贷：应付职工薪酬——工资　475 000.00

2020 年 10 月 14 日，从银行提取现金 450 000 元，备发上月工资。

本事项编制会计分录如下：

借：库存现金　450 000.00
　　贷：银行存款　450 000.00

2020 年 10 月 15 日，用现金发放员工工资 450 000 元。

本事项编制会计分录如下：

借：应付职工薪酬——工资　450 000.00
　　贷：库存现金　450 000.00

三、制造费用的归集与分配

1.

借：制造费用　600.00
　　管理费用　900.00
　　贷：库存现金　1 500.00

2.

借：管理费用　4 000.00
　　制造费用　16 000.00
　　应交税费——应交增值税(进项税额)　1 800.00
　　贷：银行存款　21 800.00

3.

借：制造费用　48 120.00
　　销售费用　14 180.00
　　管理费用　82 700.00
　　贷：累计折旧　145 000.00

制造费用

借方	贷方
280.00	
35 000.00	
600.00	
16 000.00	
48 120.00	
100 000.00	

4.

（1）制造费用分配率＝100 000÷（8 200+7 800）＝6. 25（元/工时）

（2）各分配对象应分摊的制造费用：

① 男休闲西装应分配的制造费用 ＝8 200×6. 25 ＝ 51 250. 00（元）；

② 女休闲西装应分配的制造费用 ＝7 800×6. 25 ＝ 48 750. 00（元）。

（3）

借：生产成本——男休闲西装　　51 250. 00

　　　　　　——女休闲西装　　48 750. 00

　　贷：制造费用　　10. 0 000. 00

四、完工产品生产成本的计算与结转

（1）　　No. 4-1

生产成本明细账（因版面关系，时间栏、凭证号数栏省略）

产品：男式夹克　　2020 年 9 月 30 日

摘　要	成本项目			
	直接材料	直接人工	制造费用	合　计
月初在产品成本	30 000	22 500	8 250	60 750
领用材料	160 000			160 000
分配工人工资		120 000		120 000
分配制造费用			51 250	51 250
本月累计	190 000	142 500	59 500	392 000
完工男休闲西装 5 000 件	150 000	112 500	49 500	312 000
单位成本	30	22. 50	9. 90	62. 40
月末在产品 2 000 件	40 000	30 000	10 000	80 000

（2）

借：库存商品——男休闲西装　　312 000. 00

　　贷：生产成本——男休闲西装　　312 000. 00

子项目 5　销 售 业 务

【理论题】

一、单项选择题

1. C　2. D　3. B

二、多项选择题

1. ABCD　2. ACD　3. ABCD

三、判断题

1. √　2. ×　3. √

【业务题】

1.

借：应收账款——北京新街口百货有限公司	570 370. 00
贷：主营业务收入——男休闲服	300 000. 00
——女休闲服	198 000. 00
应交税费——应交增值税（销项税额）	64 740. 00
银行存款	7 630. 00

2.

借：应收票据——青海省海西商城	113 000. 00
贷：主营业务收入——女休闲服	10. 0 000. 00
应交税费——应交增值税（销项税额）	13 000. 00

3.

借：销售费用	2 000. 00
应交税费——应交增值税（进项税额）	180. 00
贷：银行存款	2 180. 00

4.

借：主营业务成本——男休闲西服	218 400. 00
——女休闲西服	195 000. 00
贷：库存商品——男休闲西服	218 400. 00
——女休闲西服	195 000. 00

已销男休闲西服的生产成本＝3 500×62. 40（元）；

已销女休闲西服的生产成本＝3 000×65. 00（元）。

5.

借：银行存款	45 200. 00
贷：其他业务收入	40 000. 00
应交税费——应交增值税（销项税额）	5 200. 00

6.

借：其他业务成本	30 000. 00
贷：原材料——锦棉布	30 000. 00

7.

借：税金及附加	12 000. 00
贷：应交税费——城市维护建设税	8 400. 00
——教育费附加	3 600. 00

其中：城市维护建设税＝120 000. 60×7%＝8 400. 00（元）

　　　教育费附加＝120 000. 60×3%＝3 600. 00（元）

8.

借：应交税费——应交增值税(已交税金) 120 000.00
——城市维护建设税 8 400.00
——教育费附加 3 600.00
贷：银行存款 132 000.00

9.

借：银行存款 570 370.00
贷：应收账款——北京新街口百货 570 370.00

子项目 6 期间费用业务

【理论题】

一、单项选择题

1. A 2. D 3. B

二、多项选择题

1. ACD 2. ABD 3. ABCD

三、判断题

1. √ 2. × 3. ×

【业务题】

1.

借：其他应收款——陈飞 5 000.00
贷：库存现金 5 000.00

2.

借：销售费用——展览费 50 000.00
应交税费——应交增值税(进项税额) 3 000.00
贷：银行存款 53 000.00

3.

借：管理费用——差旅费 3 800.00
库存现金 1 200.00
贷：其他应收款——陈飞 5 000.00

4.

借：预付账款——平安保险公司晋江分公司 24 000.00
贷：银行存款 24 000.00

5.

借：财务费用——金融手续费	86.00	
贷：银行存款		86.00

6.

借：应收账款——浙江新华都超市	2 180.00	
销售费用——运费	2 000.00	
应交税费——应交增值税(进项税额)	180.00	
贷：银行存款		4 360.00

7.

借：管理费用——保险费	2 000.00	
贷：预付账款——平安保险晋江分公司		2 000.00

8.

借：管理费用——无形资产摊销	4 800.00	
贷：累计摊销		4 800.00

9.

借：应付账款——晋江快捷修理中心	6 000.00	
应交税费——应交增值税(进项税额)	780.00	
贷：银行存款		6 780.00

10.

借：管理费用——修理费	1 000.00	
制造费用——修理费	3 000.00	
销售费用——修理费	2 000.00	
贷：应付账款——晋江快捷修理中心		6 000.00

11.

借：财务费用——利息	2 500.00	
贷：应付利息——晋江工商银行		2 500.00

12.

借：本年利润	369 400.00	
贷：管理费用		219 000.00
销售费用		140 495.00
财务费用		9 905.00

子项目 7　利润形成业务

【理论题】

一、单项选择题

1. B　2. C　3. D

二、多项选择题

1. AB　2. AB　3. ABCD

三、判断题

1. √　2. ×　3. √

【业务题】

一、利得与损失的账务处理

1. 本交易应编制会计分录如下：

借：营业外支出	8 000.00
贷：银行存款	8 000.00

2. 本事项应编制会计分录如下：

借：应付账款——天久公司	5 850.00
贷：营业外收入	5 850.00

3. 本交易应编制会计分录如下：

借：银行存款	85 000.00
贷：投资收益	85 000.00

二、计算营业利润、利润总额、所得税费用、净利润、综合收益总额

1. 营业利润＝4500 000+500 000−2500 000−200 000−300 000−600 000−405 000（不含研发费用的管理费用）−145 000（研发费用）−100 000+（300 000−350 000）＝700 000（元）

2. 利润总额＝700 000+50 000−30 000＝720 000（元）

3. 当月所得税费用（无纳税调整项目）＝720 000×25%＝180 000（元）

4. 净利润＝720 000−180 000＝540 000（元）

5. 综合收益总额＝540 000（净利润）+0（其他综合收益的税后净额）＝540 000（元）

三、期末结转损益类账户

1.

借：主营业务收入	4 500 000.00
其他业务收入	500 000.00
营业外收入	50 000.00
贷：本年利润	5 000 000.00
投资收益	50 000.00

2.

借：本年利润	4 280 000.00
贷：主营业务成本	2 500 000.00
其他业务成本	200 000.00
税金及附加	300 000.00
销售费用	650 000.00
管理费用	500 000.00
财务费用	100 000.00
营业外支出	30 000.00

四、结转所得税费用

1.

借：所得税费用　180 000.00
　贷：应交税费——应交所得税　180 000.00

2.

借：本年利润　180 000.00
　贷：所得税费用　180 000.00

五、结转净利润

借：本年利润　540 000.00
　贷：利润分配——未分配利润　540 000.00

子项目8　利润分配业务

【理论题】

一、单项选择题

1. C　2. C　3. C

二、多项选择题

1. CD　2. ACD

三、判断题

1. √　2. ×　3. ×

【业务题】

一、盈利企业的利润分配

1.

借：利润分配——提取法定盈余公积　30 000.00
　贷：盈余公积　30 000.00

2.

借：利润分配——提取任意盈余公积　15 000.00
　贷：盈余公积　15 000.00

3.

借：利润分配——应付股利　45 000.00
　贷：应付股利　45 000.00

4.

借：利润分配——未分配利润　90 000.00
　贷：利润分配——提取法定盈余公积　30 000.00
　　　　　　——提取任意盈余公积　15 000.00
　　　　　　——应付股利　45 000.00

二、亏损企业的利润分配

1.

借：利润分配——未分配利润　　300 000.00
　　贷：本年利润　　300 000.00

2.

借：盈余公积　　150 000.00
　　贷：利润分配——盈余公积转入　　150 000.00

3.

借：利润分配——盈余公积转入　　150 000.00
　　贷：利润分配——未分配利润　　150 000.00

项目五　会计凭证

子项目 1　原始凭证(单据)

【理论题】

一、单项选择题

1. B　2. B　3. C　4. B　5. C　6. D　7. A　8. A9. D　10. C　11. B　12. D

二、多项选择题

1. ABCD　2. AB　3. ABCD　4. ABC　5. BC　6. ABCD　7. AD　8. BCD　9. ABCD　10. ABCD　11. ABC　12. BD

三、判断题

1. √　2. ×　3. √　4. ×　5. √　6. ×　7. √　8. √　9. √　10. . ×　11. √　12. √

【业务题】

一、计算填写限额资料单

1.

表 5-1　限额领料单

限额领料单

领料部门：装配车间　　材料类别：黑色金属

用　　途：生产铁制家具　　2019　年　10　月　　发料仓库：4 号仓库

材料编号	材料名称	规格	计量单位	本月领用限额数量	实际领用			备注
					数量	单价	金额	
01206	圆钢	18mm	kg	4 000		2.80		

日期	领料			退库			限额结余数量
	数量	领料人签章	发料人签章	数量	收料人签章	退料人签章	
10/4	1 000	张科	宋东河				3 000
10/9	800	张科	宋东河				2 200
10/15	700	张科	宋东河				1 500
10/22	600	张科	宋东河				9 00
10/27	500	张科	宋东河				4 00
10/30	400	张科	宋东河	100			100
合计	4 000			100			100

生产部门负责人：刘美艺　　供应部门负责人：卓胜进　　仓库负责人：留心钢

江苏省增值税专用发票

发 票 联

开票代码：略
开票号码：略
开票日期： 2020 年 3 月 9 日
校 验 码：略

机器编号：略

购买方	名　　称：晋江美华有限公司 纳税人识别号：350582001429 地 址、电 话：晋江金井滨海新城 9 号 85391835 开户行及账号：工行金井营业部 53140100001672	密码区	略

货物或应税劳务、服务名称	规格型号	单位	数量	单价	金 额	税率	税 额
锦棉布		码	8000	9.50	76 000.00	13%	9 880.00
合　　计					¥76 000.00		¥9 880.00
价税合计（大写）	※捌万伍仟捌佰捌拾元整				（小写）¥85 880.00		

销售方	名　　称：江苏吴江恒宇有限公司 纳税人识别号：320584722206414 地 址、电 话：吴江市大通路 12 号 0512-63511830 开户行及账号：吴江市农行大通分理处 98010698113	备注	吴江市恒宇有限公司 3505470641 发票专用章

收款人：　　复核：　　开票人：叶瑜　　销货单位：（章）

第三联：发票联　购货方记账凭证

图 5-1　增值税专用发票示例

2.

No. 5-1

收 料 单

供应单位：江苏吴江恒宇有限公司　　收料仓库：2 号仓库
发票号码：01812819　　2020 年 12 月 10 日　　收料单编号：0180056

编号	名称	成份及含量	单位	数量		实际成本			
				应收	实收	买价		采购费用	合计
						单价	金额		
213	锦棉布	28%N. 69%C. 3%SP	码	8000	8000	9.50	76 000.00	0	76 000.00

采购员：江水兰　　检验员：陈一真　　记账员：　　保管员：留云山

3.

No. 5-2

中国工商银行　现金支票（闽）　$\frac{C}{0}\frac{Y}{2}$　018108133

出票日期（大写）贰零贰零年叁月壹拾伍日　　付款行名称：中国工商银行金井营业部
收款人：晋江美华有限公司　　出票人账号：53140100001672

本支票付款期十天

人民币（大写）	伍仟元整	千	百	十	万	千	百	十	元	角	分
					¥	5	0	0	0	0	0

用途：备用
上列款项请从
我账户内支付
出票人盖章　　蔡美印华　　复核：　　记账：

No. 5-3

中国工商银行（闽）

现金支票存根

$\frac{C\ Y}{0\ 2}$ 018108133

附加信息

出票日期 2020 年 3 月 15 日

收款人：晋江美华有限公司	
金额：5000.00	
用途：备用	

单位主管：蔡美印华 会计：许云峰

子项目 2 记 账 凭 证

【理论题】

一、单项选择题

1. B 2. B 3. D 4. B 5. B 6. B 7. C 8. C 9. D 10. D

二、多项选择题

1. BC 2. ABCD 3. ABC 4. ACD 5 ACD 6. AC 7. ABD 8. ACD 9. BCD 10. ABCD

三、判断题

1. √ 2. √ 3. × 4. √ 5. √ 6. √ 7. × 8. √ 9. × 10. √

【业务题】

一、填制专用记账凭证

1.

No. 5-4

转 账 凭 证

总第 36 号
转第 29 号

2020年 1 月 14 日

摘 要	会计科目		过账	借方金额									贷方金额								
	总账科目	明细科目		百	十	万	千	百	十	元	角	分	百	十	万	千	百	十	元	角	分
生产领用	生产成本	男式茄克			1	8	1	4	0	0	0	0									
发料	原材料	布料												1	7	6	4	0	0	0	0
发料		商标														1	0	0	0	0	0
发料		拉链														4	0	0	0	0	0
附件 1 张	合 计			¥	1	8	1	4	0	0	0	0	¥	1	8	1	4	0	0	0	0

会计主管： 记账： 审核： 制单：×××

2.

No. 5-5

付款凭证

总第 15 号
付第 8 号

贷方科目：库存现金　　　　2020 年 1 月 15 日

摘要	借方科目		过账	金额									
	总账科目	明细科目		千	百	十	万	千	百	十	元	角	分
将罚款及押金存入银行	银行存款							3	5	0	0	0	0
附件 1 张	合计						¥	3	5	0	0	0	0

会计主管：　记账：　出纳：×××　审核：　制单：×××

二、填制通用记账凭证

No. 5-6

通用记账凭证

2020 年 3 月 8 日　　　　记第 10 号

摘要	会计科目		过账	借方金额									贷方金额								
	总账科目	明细科目		百	十	万	千	百	十	元	角	分	百	十	万	千	百	十	元	角	分
预借医疗费	其他应收款	钟东石					3	0	0	0	0	0									
付现	库存现金															3	0	0	0	0	0
附件 1 张	合计					¥	3	0	0	0	0	0			¥	3	0	0	0	0	0

会计主管：　记账：　出纳：×××　审核：　制单：×××

子项目 3　会计凭证的传递、装订和保管

一、单项选择题

1. C　2. B　3. D　4. A　5. B

二、多项选择题

1. ABC　2. ABC　3. ABD　4. AB　5. ABCD

三、判断题

1. √　2. √　3. √　4. ×　5. ×

项目六　会计账簿

子项目 1　账簿概述

【理论题】

一、单项选择题

1. C　2. A　3. C　4. D　5. C　6. C　7. C　8. D

二、多项选择题

1. ABC　2. ABC　3. ABC　4 . ABCD　5. AB　6. BC　7. AC　8. ABC

三、判断题

1. √　2. √　3. ×　4. √　5. ×　6. ×　7. √　8. √

【业务题】

No. 6-1

	账页格式	账簿形式	应开账户
总分类账	三栏式	订本式	实收资本、本年利润、盈余公积、利润分配、长期借款、短期借款、应付职工薪酬、应交税费、应付账款、预收账款、固定资产、原材料、低值易耗品、包装物、库存商品、制造费用、生产成本、库存现金、银行存款、应收账款、预付账款、主营业务收入、其他业务收入、营业外收入、主营业务成本、其他业务成本、营业外支出、税金及附加、管理费用、销售费用、财务费用、所得税费用等
日记账	三栏式	订本式	库存现金日记账
	三栏式	订本式	银行存款日记账
明细分类账	数量金额式	活页式	原材料、库存商品、低值易耗品、包装物等
	数量金额式	卡片式	固定资产明细账
	多栏式明细账	活页式	制造费用明细账、生产成本明细账、应交税费明细账、管理费用、销售费用、财务费用、本年利润等明细账
	三栏式明细账	活页式	实收资本、长期借款、短期借款、应收账款、应付账款等
备查账	数量金额式	卡片式	代管固定资产(向外租用的员工宿舍)

子项目2　登记日记账

【理论题】

一、单项选择题

1. B　2. A　3. C

二、多项选择题

1. AB　2. ABD　3. AB

三、判断题

1. √　2. √　3. ×

【业务题】

一、库存现金日记账登记

No. 6-2

库存现金日记账　　第 1 页

2020年		凭证号数	票据号数	摘要	借方金额							核对	贷方金额							余额						
月	日				万	千	百	十	元	角	分		万	千	百	十	元	角	分	万	千	百	十	元	角	分
1	18			承前页																	2	0	4	0	0	0
1	19	现付 10	902337	办公用品费											6	0	0	0	0		1	4	4	0	0	0
1	19	现付 11		预借差旅费										1	3	0	0	0	0			1	4	0	0	0
1	19	银付 18	00191083	提现备用		2	5	0	0	0	0										2	6	4	0	0	0
1	19	现收 18	19012201	收回押金			5	0	0	0	0										3	1	4	0	0	0
				本日合计		3	0	0	0	0	0			1	9	0	0	0	0		3	1	4	0	0	0

二、银行存款日记账登记

No. 6-3

银行存款日记账

2020年		凭证号数	摘要	结算凭证		借方金额								核对	贷方金额								余额							
月	日			种类	编号	十	万	千	百	十	元	角	分		十	万	千	百	十	元	角	分	十	万	千	百	十	元	角	分
1	20	略	承前页	略	略																		3	5	0	0	0	0	0	0
1	21	银付 18	提取现现	支票	00191083												2	5	0	0	0	0	3	4	7	5	0	0	0	0
1	22	银付 19	还购料款	支票	14206197										2	3	4	0	0	0	0	0	1	1	3	5	0	0	0	0
1	23	银收 15	售材料款	支票	14306198		7	5	4	0	0	0	0										1	8	8	9	0	0	0	0

子项目 3　登记分类账簿

【理论题】

一、单项选择题

1. A　2. D . 3. A　4. D　5. D　6. C

二、多项选择题

1. ACD　2. ABC　3. ABC　4. ABC　5. ABCD　6. BCD

三、判断题

1. √　2. √　3. ×　4. √　5. ×　6. √

【业务题】

1.

No. 6-4

在途物资明细分类账

序号	供货单位	规格名称	借方发生额						贷方发生额				
			2020年		凭证号数	买价	采购费用	合计	年		凭证号数	采购成本	转销
			月	日					月	日			
1	海源布料	锦棉布	3	2	1	40 000.00		40 000.00	3	6	3	40 000.00	✓
		里布	3	2	1	10 000.00		10 000.00	3	6	3	10 000.00	✓
2	吴江布行	胶磨毛	3	4	2	29 400.00		29 400.00	3	8	5	29 400.00	✓

No. 6-5

物资明细账

最低储备量 960

最高储备量 9 600

存放地点：1号仓库

名称及规格	锦棉布		
页数		计量单位	码

2020年		凭证号数	摘要	借（收入）方				核对号	贷（发出）方				结存			
月	日			数量	单价	金额			数量	单价	金额		数量	单价	金额	
3	1		承前页										2 500	8.00	20 000	00
3	6	3	验收入库	5 000	8.00	40 000	00						7 500	8.00	60 000	00

No. 6-6

物资明细账

最低储备量 640

最高储备量 6 400

存放地点：1号仓库

名称及规格	里布		
页数		计量单位	码

2020年		凭证号数	摘要	借（收入）方				核对号	贷（发出）方				结存			
月	日			数量	单价	金额			数量	单价	金额		数量	单价	金额	
3	1		承前页										2 000	2.00	4 000	00
3	6	3	验收入库	5 000	2.00	10 000	00						7 000	2.00	14 000	00

No. 6-7

物资明细账

最低储备量 320

最高储备量 3 200

存放地点：1号仓库

名称及规格	胶磨毛		
页数		计量单位	码

2020年		凭证号数	摘要	借（收入）方				核对号	贷（发出）方				结存			
月	日			数量	单价	金额			数量	单价	金额		数量	单价	金额	
3	1		承前页										100	9.80	980	00
3	8	5		3 000	9.80	29 400	00						3 100	9.80	30 380	00
									1500	9.80	14 700	00	1600	9.80	15 680	00

No. 6-8

应交税费—应交增值税

第　页

2020年 月	日	凭证号数	摘要	借方金额 合计	借方金额 进项税额	借方金额 已交税金	核对号	贷方金额 合计	贷方金额 销项税额	贷方金额 进项转出	借或贷	余额
3	2	1	布料进项税		6 500.00						借	6 500.00
3	4	2	布料进项税		3 822.00						借	10 322.00

No. 6-9

明细分类账

科目：应付账款—海源布料　　第　页

2020年 月	日	记账凭证 种类	号数	摘要	借方金额（百十万千百十元角分）	核对号	贷方金额（百十万千百十元角分）	借或贷	余额（百十万千百十元角分）
3	2	记	1	购料款未付			5650000	贷	5650000
3	7	记	4	还前欠款项	5650000			平	0

No. 6-10

明细分类账

科目：应付账款—吴江布行　　第　页

2020年 月	日	记账凭证 种类	号数	摘要	借方金额（百十万千百十元角分）	核对号	贷方金额（百十万千百十元角分）	借或贷	余额（百十万千百十元角分）
3	1			前承页				借	70200
3	4	记	2	购料款未付			3322200	贷	3252000
3	9	记	6	还前欠款项	3252000			平	0

2.

No. 6-11

总分类账

科目：银行存款　　第　页

2020年 月	日	记账凭证 种类	号数	摘要	借方金额（百十万千百十元角分）	核对号	贷方金额（百十万千百十元角分）	借或贷	余额（百十万千百十元角分）
3	1			前承页				借	99954000
3	7	记	4	还海源货款			5650000	借	94304000
3	9	记	6	还吴江货款			3252000	借	91052000

No. 6-12

总分类账

科目：在途物资　　第　页

2020年 月	日	记账凭证 种类	号数	摘要	借方金额（百十万千百十元角分）	核对号	贷方金额（百十万千百十元角分）	借或贷	余额（百十万千百十元角分）
3	2	记	1	购料未入库	5000000			借	5000000
3	4	记	2	购料未入库	2940000			借	7940000
3	6	记	3	材料验收入库			5000000	借	2940000
3	8	记	5	材料验收入库			2940000	平	0

No. 6-13

总分类账

科 目：原材料　　　　第　　页

2020年		记账凭证		摘　要	借方金额									核对号	贷方金额									借或贷	余额								
月	日	种类	号数		百	十	万	千	百	十	元	角	分		百	十	万	千	百	十	元	角	分		百	十	万	千	百	十	元	角	分
3	1			承前页																				借			2	4	9	8	0	0	0
3	6	记	3	材料验收入库			5	0	0	0	0	0	0											借			7	4	9	8	0	0	0
3	8	记	5	材料验收入库			2	9	4	0	0	0	0											借		1	0	4	3	8	0	0	0
3	9	记	7	生产领用													7	5	3	0	0	0	0	借			2	9	0	8	0	0	0

No. 6-14

总分类账

科 目：应交税费　　　　第　　页

2020年		记账凭证		摘　要	借方金额									核对号	贷方金额									借或贷	余额								
月	日	种类	号数		百	十	万	千	百	十	元	角	分		百	十	万	千	百	十	元	角	分		百	十	万	千	百	十	元	角	分
3	2	记	1	购料进项税				6	5	0	0	0	0											借				6	5	0	0	0	0
3	4	记	2	购料进项税				3	8	2	2	0	0											借			1	0	3	2	2	0	0

No. 6-15

总分类账

科 目：生产成本　　　　第　　页

2020年		记账凭证		摘　要	借方金额								核对号	贷方金额								借或贷	余额							
月	日	种类	号数		十	万	千	百	十	元	角	分		十	万	千	百	十	元	角	分		十	万	千	百	十	元	角	分
3	10	记	7	生产男夹克领料		7	5	3	0	0	0	0										借		7	5	3	0	0	0	0

No. 6-16

总分类账

科 目：应付账款　　　　第　　页

2020年		记账凭证		摘　要	借方金额									核对号	贷方金额									借或贷	余额								
月	日	种类	号数		百	十	万	千	百	十	元	角	分		百	十	万	千	百	十	元	角	分		百	十	万	千	百	十	元	角	分
3	1			承前页																				借					7	0	2	0	0
3	2	记	1	海源购料款													5	6	5	0	0	0	0	贷			5	5	7	9	8	0	0
3	4	记	2	吴江购料款													3	3	2	2	2	0	0	贷			8	9	0	2	0	0	0
3	7	记	4	还海源款项			5	6	5	0	0	0	0											贷			3	2	5	2	0	0	0
3	9	记	6	还吴江款项			3	2	5	2	0	0	0											平							0		

No. 6-17

原材料明细账本期发生额及余额表

会计期间：2020 年 3月 1 日至10日

明细账名	期初余额		本期发生额		期末余额	
	借方	贷方	借方	贷方	借方	贷方
锦棉布	20 000		40 000	50 400	9 600	
里　布	4 000		10 000	10 200	3 800	
胶磨毛	980		29 400	14 700	15 680	
合　计	24 980		79 400	75 300	29 080	

No. 6-18

应付账款明细账本期发生额及余额表

会计期间：2020 年 3 月 1 日至 10 日

明细账名	期初余额		本期发生额		期末余额	
	借方	贷方	借方	贷方	借方	贷方
海源布料			56 500	56 500		
吴江布行	702		32 520	33 222		
合 计	702		89 020	89 722		

子项目 4 试算平衡

【理论题】

一、单项选择题

1. A 2. A

二、多项选择题

1. ABCD 2. ABCD

三、判断题

1. √ 2. ×

【业务题】

1.

库存现金	
	1 000
2 000	
	1 500
2 000	2 500

银行存款	
565 000	
	339 000
	2 000
	113 000
226 000	
791 000	454 000

管理费用	
800	
1 000	
1 800	

制造费用	
200	
6 000	
6 200	

生产成本	
350 000	
250 000	
600 000	

原材料	
	350 000
	250 000
	7 000
300 000	
100 000	
400 000	607 000

主营业务收入

借方	贷方
	500 000
	200 000
	700 000

应交税费

借方	贷方
	65 000
39 000	
13 000	
	26 000
52 000	91 000

其他应收款

借方	贷方
1 500	
1 500	

2.

No. 6-19

试算平衡表

单位名称：笑艺公司

账户名称	期初余额		本期发生额		期末余额	
	借方	贷方	借方	贷方	借方	贷方
库存现金	2 000		2 000	2 500	1 500	
银行存款	100 000		791 000	454 000	437 000	
其他应收款			1 500		1 500	
原材料	650 000		400 000	607 000	443 000	
库存商品	500 000				500 000	
制造费用			6 200		6 200	
生产成本			600 000		600 000	
固定资产	800 000				800 000	
累计折旧		250 000				250 000
短期借款		150 000				150 000
应交税费		52 000	52 000	91 000		91 000
主营业务收入				700 000		700 000
管理费用			1 800		1 800	
实收资本		1200 000				1200 000
利润分配		400 000				400 000
合　　计	*2 052 000*	*2 052 000*	*1 854 500*	*1 854 500*	*2 791 000*	*2 791 000*

子项目5　错 账 更 正

【理论题】

一、单项选择题

1. A　2. C　3. D

二、多项选择题

1. ABCD　2. BC　3. BCD

三、判断题

1. √　2. ×　3. √

【业务题】

一、划线更正法

明细分类账

科目：应付账款-甲供应商　　　　第　　页

2020年		记账凭证		摘要	借方金额								核对号	贷方金额								借或贷	余额							
月	日	种类	号数		十	万	千	百	十	元	角	分		十	万	千	百	十	元	角	分		十	万	千	百	十	元	角	分
2	4			承前面									√									贷		1	1	7	0	0	0	0
2	5	银付	2	支付前欠货款		1 ~~1~~	1 ~~7~~	7 ~~1~~	0 ~~0~~	0 ~~0~~	0 ~~0~~	0 ~~0~~										平						0		

说明：所划线为红线。

图 6-5　明细分类账

二、红字冲销法

1. (1)

摘要：冲销 2020 年 5 月 9 日第 9 号凭证的错误

借：银行存款　　3 000.00

　　贷：应收账款——乙　　3 000.00

(2)

摘要：收到甲客户归还的销货款

借：银行存款　　30 000.00

　　贷：应收账款——甲　　30 000.00

银行存款(日记账)

借方	贷方
3 000.00	
3 000.00	
3 000.00	

应收账款——乙

借方	贷方
	3 000.00
	3 000.00

应收账款——甲

借方	贷方
	30 000.00

2.

摘要：冲销 2018 年 5 月 30 日第 15 号凭证多记的金额

借：财务费用　　10 800.00

　　贷：应付利息　　10 800.00

财务费用

借方	贷方
12 000.00	
10 800.00	

应付利息

借方	贷方
	12 000.00
	10 800.00

三、补充登记法

摘要：补充 2020 年 6 月 1 日第 11 号记账凭证少记金额。

借：银行存款　　7 200. 00

　　贷：营业外收入　　7 200. 00

银行存款

借方	贷方
800. 00	
7 200. 00	

营业外收入

借方	贷方
	800. 00
	7 200. 00

子项目 6　对 账 和 结 账

【理论题】

一、单项选择题

1. C　2. D　3. B　4. D

二、多项选择题

1. ABCD　2. ABC　3. ABC　4. ABC

三、判断题

1. √　2. ×　3. √　4. ×

【业务题】

No. 6-20

明 细 分 类 账

账户名称： 应付账款-吴江布行

2021 年		凭证号	摘　要	借方金额									贷方金额									借或贷	余　额								
月	日			百	十	万	千	百	十	元	角	分	百	十	万	千	百	十	元	角	分		百	十	万	千	百	十	元	角	分
1	1		上年结转																			贷			1	3	8	0	0	0	8

项目七　财 产 清 查

子项目 1　财产物资的盘存制度

【理论题】

一、单项选择题

1. B　2. D　3. C　4. B　5. A　6. A

二、多项选择题

1. ABCD　2. BD　3. AD　4. ABCD　5. AB　6. AB

三、判断题

1. √ 2. × 3. √ 4. × 5. × 6. √

【业务题】

1. 实地盘存制 2. 永续盘存制 3. 实地盘存制
4. 实地盘存制 5. 永续盘存制 6. 永续盘存制

子项目 2 财产清查方法

【理论题】

一、单项选择题

1. C 2. C 3. C 4. A 5. B 6. D

二、多项选择题

1. ABCD 2. ABC 3. BC 4. ABD 5. AB 6. AD

三、判断题

1. √ 2. √ 3. √ 4. √ 5. √ 6. √

【业务题】

1.

No. 7-1

盘 存 单 编号：01901

财产类别：主料 2020 年 1 月 30 日 存放地点 1 号仓库

编 号	名称规格	计量单位	数量	单价	金额	备注
A01	锦棉布	码	5 000	10.00	50 000.00	
A02	胶磨毛	米	1 500	9.60	14 400.00	
A03	里由	码	4 000	1.01	4 040.00	
合计					68 440.00	

盘点人（签章）：郑重 实物保管人（签章）：×××

2.

No. 7-2

账存实存对比表

2020 年 1月30日 编号：

编号	名称规格	计量单位	单价	实际盘存		账面盘存		盘盈		盘亏	
				数量	金额	数量	金额	数量	金额	数量	金额
A01	锦棉布	码	10.00	5 000	50 000.00	4 990	49 900.00	10	100.00		
A02	胶磨毛	米	9.60	1 500	14 400.00	1 505	14 448.00			5	48.00
A03	里由	码	1.01	4 000	4 040.00	4 040	4 080.40			40	40.40
合计					68 440.00		68 428.40		100.00		88.40

会计主管：（签章） 复核：（签章） 制表：（签章）

3. No. 7−3

银行存款余额调节表

银行账号：——　　2020年1月31日　　币种：人民币

银行对账单	金额									银行存款日记账	金额								
	百	十	万	千	百	十	元	角	分		百	十	万	千	百	十	元	角	分
调节前的余额		5	6	6	7	0	0	0	0	调节前的余额		4	2	2	2	0	0	0	0
加：企业已收、银行未收的金额				2	0	0	0	0	0	加：银行已收、企业未收的金额		1	0	0	0	0	0	0	0
减：企业已付、银行未付的金额			5	0	0	0	0	0	0	减：银行已付、企业未付的金额				3	5	0	0	0	0
调节后的余额		5	1	8	7	0	0	0	0	调节后的余额		5	1	8	7	0	0	0	0

会 计：　　出 纳：

子项目3　财产清查结果的账务处理

【理论题】

一、单项选择题

1. C　2. B

二、多项选择题

1. AC　2. AB

三、判断题

1. √　2. ×

【业务题】

1.

借：库存现金　18.00
　　贷：待处理财产损溢——待处理流动资产损溢　18.00

2.

借：待处理财产损溢——待处理流动资产损溢　144.00
　　贷：库存商品——奶糖　144.00

3.

借：原材料——蔗糖　90.00
　　贷：待处理财产损溢——待处理流动资产损溢　90.00

4.

借：待处理财产损溢——待处理固定资产损溢　3 000.00
　　累计折旧　2 000.00
　　贷：固定资产——包装设备　5 000.00

5.

借：待处理财产损溢——待处理流动资产损溢	18.00
贷：营业外收入	18.00

6.

借：其他应收款——保管员	100.00
管理费用——商品损耗	48.00
贷：待处理财产损溢——待处理流动资产损溢	144.00
应交税费——应交增值税(进项税额转出)	4.00

7.

借：待处理财产损溢——待处理流动资产损溢	90.00
贷：管理费用	90.00

8.

借：营业外支出	3 000.00
贷：待处理财产损溢——待处理固定资产损溢	3 000.00

项目八 财务会计报告

子项目 1 财务会计报告概述

【理论题】

一、单项选择题

1. A 2. C 3. C 4. A 5. B

二、多项选择题

1. AD 2. ABC 3. ABCD 4. AB 5. ABCD

三、判断题

1. √ 2. × 3. × 4. √ 5. ×

【业务题】

1. 2021 年 5 月 1 日之前。
2. 资产负债表、利润表、现金流量表、股东权益变动表、附注、财务情况说明书。
3. 商务部、深圳证券交易所、税务部门、有关开户银行、政府有关部门如统计部门等。

子项目 2 资产负债表的编制

【理论题】

一、单项选择题

1. B 2. A 3. C 4. C 5. D

二、多项选择题

1. ABD 2. ABC 3. ABD 4. AD 5. ABCD

三、判断题

1. √ 2. × 3. √ 4. √ 5. ×

【业务题】

No. 8-1

资 产 负 债 表(简表)

2020 年 12 月 31 日

会企 01 表

编制单位：晋江新铭公司

单位：元

资　　产	行次	年初数	年末数	负债及所有者权益	行次	年初数	年末数
流动资产：		略		流动负债		略	
货币资金			305 000	短期借款			500 000
以公允价值价量且变动计入当期损益的金融资产			190 000	以公允价值价量且变动计入当期损益的金融资产			45 000
应收票据				应付票据			
应收账款			114 000	应付账款			210 000
预付账款			350 000	预收账款			200 000
其他应收款			4 000	应付职工薪酬			30 000
存货			1440 000	应交税费			-54 000
一年内到期非流动资产				其他应付款			53 000
其他流动资产				一年内到期非流动负债			400 000
流动资产合计			2403 000	其他流动负债			
非流动资产：				流动负债合计			1384 000
可供出售金融资产				非流动负债：			
持有至到期投资				长期借款			600 000
长期应收款				应付债券			
长期股权投资			200 000	长期应付款			
固定资产			550 000	其他非流动负债			
在建工程				非流动负债合计			600 000
无形资产			200 000	负债合计			1984 000
开发支出				所有者(或股东)权益：			
商誉				实收资本(或股本)			1200 000
长期待摊费用				资本公积			200 000
其他非流动资产				其他综合收益			
非流动资产合计			950 000	盈余公积			34 000
				未分配利润			-65 000
				所有者(或股东)权益合计			1369 000
资产总计			3353 000	负债和所有者权益总计			3353 000

子项目3 利润表的编制

【理论题】

一、单项选择题

1 . C 2. B 3. C

二、多项选择题

1. ABD 2. AC 3. BCD 4. BCD

三、判断题

1. √ 2. √ 3. ×

【业务题】

1. 营业利润＝3 500 000+380 000－1 900 000－180 000－200 000－210 000－250 000－(230 000－9 800)－100 000－100 000+(120 000－300 000)＝539 800(元)

2. 利润总额＝539 800+170 000－40 000＝669 800(元)

3. 企业所得税＝669 800×25%＝167 450(元)

4. 净利润＝669 800－167 450＝502 350(元)

5.

No. 8-2

利　润　表

会企02表

编制单位：　　2020年12月　　单位：元

项　　目	本期金额	上期金额
一、营业收入	3880 000	
减：营业成本	2080 000	
税金及附加	200 000	
销售费用	210 000	
管理费用	185 000	
研发费用	65 000	
财务费用(收益以"-"号填列)	220 200	
其中：利息费用	150 000	
利息收入	9 800	
资产减值损失	100 000	
信用减值损失		
加：其他收益		
投资收益(损失以"-"号填列)	-180 000	
其中：对联营企业和合营企业的投资收益		
净敞口套期收益(损失以"-"号填列)		
公允价值变动收益(损失以"-"号填列)	-100 000	
资产处置收益(损失以"-"号填列)		
二、营业利润	539 800	
加：营业外收入	170 000	
减：营业外支出	40 000	
三、利润总额(亏损总额以"-"号填列)	669 800	
减：所得税费用	167 450	
四、净利润(净亏损以"-"号填列)	502 350	
五、其他综合收益的税后净额		
六、综合收益总额	502 350	

项目九　会计核算程序

【理论题】

一、单项选择题

1. A　2. B　3. C　4. D

二、多项选择题

1. ABC　2. ABC　3. AB　4. AB

三、判断题

1. √　2. ×　3. √　4. √

【业务题】

一、根据原始凭证或原始凭证汇总表编制通用记账凭证

业务 1：

No. 9-1

通用记账凭证

2020 年 3 月 3 日　　　　第 1 号

摘要	会计科目		过账	借方金额									贷方金额								
	总账科目	明细科目		百	十	万	千	百	十	元	角	分	百	十	万	千	百	十	元	角	分
采购锦棉布	在途物资	吴江恒宇			2	3	7	6	0	0	0	0									
	应交税费	增值税（进项）				3	0	8	8	8	0	0									
支付购料款项	银行存款													2	6	8	4	8	8	0	0
附件 *2* 张	合计			¥	2	6	8	4	8	8	0	0	¥	2	6	8	4	8	8	0	0

会计主管　　记账　　审核　　出纳 ×××　制单 ×××

业务 2：

No. 9-3

通用记账凭证

2020 年 3 月 4 日　　　　第 2 号

摘要	会计科目		过账	借方金额									贷方金额								
	总账科目	明细科目		百	十	万	千	百	十	元	角	分	百	十	万	千	百	十	元	角	分
材料验收入库	原材料	锦棉布			2	3	7	6	0	0	0	0									
采购过程结束	在途物资	吴江恒宇												2	3	7	6	0	0	0	0
附件 *1* 张	合计				2	3	7	6	0	0	0	0		2	3	7	6	0	0	0	0

会计主管　　记账　　审核　　出纳　　制单 ×××

业务 3：3 号通用记账凭证(以会计分录代替)
摘要：报销差旅费，结清预借款。(附件 2 张)

借：管理费用—差旅费　800.00
　　库存现金　200.00
　　贷：其他应收款—李美娜　1 000.00

业务 4：4 号通用记账凭证(以会计分录代替)
摘要：收回客户所欠货款。(附件 1 张)

借：银行存款　234 000.00
　　贷：应收账款—北京新街口百货公司　234 000.00

业务 5：5 号通用记账凭证(以会计分录代替)
摘要：销售款入账。(附件 2 张)

借：银行存款　542 400.00
　　贷：主营业务收入—男式夹克　480 000.00
　　　　应交税费—应交增值税(进项税额)　62 400.00

业务 6：6 号通用记账凭证(以会计分录代替)
摘要：转账支付运费。(附件 1 张)

借：销售费用—运费　2 000.00
　　应交税费—应交增值税(进项税额)　180.00
　　贷：银行存款　2 180.00

业务 7：7 号通用记账凭证(以会计分录代替)
摘要：销售纽扣，款项暂欠。(附件 1 张)

借：应收账款—大发公司　1 356.00
　　贷：其他业务收入—纽扣　1 200.00
　　　　应交税费—应交增值税(进项税额)　156.00

业务 8：8 号通用记账凭证(以会计分录代替)
摘要：领用润滑油。(附件 1 张)

借：制造费用—机物料非　192.00
　　销售费用—机物料费　48.00
　　贷：原材料—润滑油　240.00

业务 9：9 号通用记账凭证(以会计分录代替)
摘要：转账支付修理费。(附件 2 张)

借：管理费用—修理费　3 000.00
　　应交税费—应交增值税(进项税额)　390.00
　　贷：银行存款　3 390.00

业务 10：10 号通用记账凭证(以会计分录代替)

摘要：提取现金。(附件 1 张)

借：库存现金	358 000.00	
贷：银行存款		358 000.00

业务 11：11 号通用记账凭证(以会计分录代替)

摘要：提取现金。(附件 1 张)

借：应付职工薪酬—工资	358 000.00	
贷：银行存款		358 000.00

业务 12：12 号通用记账凭证(以会计分录代替)

摘要：以现金支付客户餐费。(附件 1 张)

借：管理费用—业务招待费	300.00	
贷：银行存款		300.00

业务 13：13 号通用记账凭证(以会计分录代替)

摘要：材料入库，转账支付价税款。(附件 3 张)

借：原材料—拉链	7 500.00	
—纽扣	6 300.00	
应交税费—应交增值税(进项税额)	1 794.00	
贷：银行存款		15 594.00

业务 14：14 号通用记账凭证(以会计分录代替)

摘要：收到投资款，存入银行。(附件 3 张)

借：银行存款	400 000.00	
贷：实收资本—海丝投资		300 000.00
资本公积—资本溢价		100 000.00

业务 15：15 号通用记账凭证(以会计分录代替)

摘要：转账支付企业参展费用。(附件 3 张)

借：销售费用—展览费	40 000.00	
应交税费—应交增值税(进项税额)	2 400.00	
贷：银行存款		42 400.00

业务 16：16 号通用记账凭证(以会计分录代替)

摘要：销售女夹克，款项暂欠。(附件 1 张)

借：应收账款—北京新街口百货	335 610.00	
贷：其他业务收入—女式夹克		297 000.00
应交税费—应交增值税(销项税额)		38 610.00

业务 17：17 号通用记账凭证(以会计分录代替)
摘要：以现金购买办公用品。(附件 1 张)

借：管理费用—办公费 250.00
　　制造费用—办公费 500.00
　　贷：库存现金 750.00

业务 18：18 号通用记账凭证(以会计分录代替)
摘要：提现备用。(附件 1 张)

借：库存现金 2 000.00
　　贷：银行存款 2 000.00

业务 19：19 号通用记账凭证(以会计分录代替)
摘要：领用材料。(附件 1 张)

借：生产成本—男式夹克 95 367.00
　　生产成本—女式夹克 62 533.00
　　贷：原材料—锦棉布 148 500.00
　　　　　　　—纽扣 5 400.00
　　　　　　　—拉链 4 000.00

业务 20：20 号通用记账凭证(以会计分录代替)
摘要：转账支付电费。(附件 2 张)

借：管理费用—水电费 3 000.00
　　制造费用—水电费 10 000.00
　　销售费用—水电费 2 000.00
　　应交税费—应交增值税(进项税额) 1 950.00
　　贷：银行存款 16 950.00

业务 21：21 号通用记账凭证(以会计分录代替)
摘要：提取职工工资。(附件 1 张)

借：生产成本—男式夹克 96 000.00
　　生产成本—女式夹克 64 000.00
　　制造费用—人工费用 51 750.00
　　管理费用—人工费用 78 120.00
　　销售费用—人工费用 49 040.00
　　贷：应付职工薪酬 338 910.00

业务 22：22 号通用记账凭证(以会计分录代替)
摘要：提取折旧。(附件 1 张)

借：制造费用—折旧费 42 500.00
　　管理费用—折旧费 12 000.00
　　销售费用—折旧费 15 000.00
　　贷：累计折旧 69 500.00

业务 23：23 号通用记账凭证(以会计分录代替)
摘要：提取城建税和教育费附加。(附件 1 张)

借：税金及附加	6 356.40	
贷：应交税费—城市维护建设税		4 449.48
—教育费附加		1 906.92

业务 24：24 号通用记账凭证(以会计分录代替)
摘要：转账支付本月应交税费。(附件 2 张)

借：应交税费—应交增值税(已交)	63 564.00	
—城市维护建设税	4 449.48	
—教育费附加	1 906.92	
贷：制造费用		69 920.40

业务 25：25 号通用记账凭证(以会计分录代替)
摘要：分配制造费用。(附件 1 张)

借：生产成本—男式夹克	62 965.20	
生产成本—女式夹克	41 976.80	
贷：制造费用		104 942.00

业务 26：26 号通用记账凭证(以会计分录代替)
摘要：结转完工产品生产成本。(附件 3 张)

借：生产成本—男式茄克	250 000.00	
生产成本—女式夹克	172 800.00	
贷：库存商品—男式夹克		250 000.00
库存商品—女式夹克		172 800.00

业务 27：27 号通用记账凭证(以会计分录代替)
摘要：提取本月短期借款利息。(附件 1 张)

借：财务费用—利息费用	1 200.00	
贷：应付利息		1 200.00

业务 28：28 号通用记账凭证(以会计分录代替)
摘要：本月存款利息入账。(附件 1 张)

借：银行存款	500.00	
贷：财务费用—利息收入		500.00

业务 29：29 号通用记账凭证(以会计分录代替)
摘要：结转已销商品的生产成本。(附件 2 张)

借：主营业务成本—男式夹克	200 000.00	
—女式夹克	144 000.00	
贷：库存商品—男式夹克		200 000.00
—女式夹克		144 000.00

业务 30：30 号通用记账凭证(以会计分录代替)
摘要：结转已销纽扣成本。(附件 1 张)

借：其他业务成本—纽扣　900.00
　贷：原材料—纽扣　900.00

业务 31：31 号通用记账凭证(以会计分录代替)
摘要：尚未处理的现金盘盈。(附件 1 张)

借：库存现金　9.00
　贷：待处理财产损溢—待处理流动资产损溢　9.00

业务 32：32 号通用记账凭证(以会计分录代替)
摘要：对现金盘盈进行处理。(附件 1 张)

借：待处理财产损溢—待处理流动资产损溢　9.00
　贷：营业外收入　9.00

业务 33：33 号通用记账凭证(以会计分录代替)
摘要：结转收入、收益类账户。(自制附件 1 张)

借：主营业务收入　777 000.00
　　其他业务收入　1 200.00
　　营业外收入　9.00
　贷：本年利润　778 209.00

业务 34：34 号通用记账凭证(以会计分录代替)
摘要：结转成本、费用类账户。(自制附件 1 张)

借：本年利润　557 514.40
　贷：主营业务成本　344 000.00
　　　其他业务成本　900.00
　　　税金及附加　6 356.00
　　　管理费用　97 470.00
　　　销售费用　108 088.00
　　　财务费用　700.00

业务 35：35 号通用记账凭证(以会计分录代替)
摘要：提取所得税费用。(自制附件 1 张)

借：所得税费用　54 792.55
　贷：应交税费—应交所得税　54 792.55

业务 36：36 号通用记账凭证(以会计分录代替)
摘要：结转所得税费用。

借：本年利润　54 792.55
　贷：所得税费用　54 792.55

二、登记日记账

1.

No. 9-38

库存现金日记账

2020年		凭证号数	摘要	借方金额								核对	贷方金额								余额							
月	日			十	万	千	百	十	元	角	分		十	万	千	百	十	元	角	分	十	万	千	百	十	元	角	分
3	1		期初余额																				1	0	0	0	0	0
3	5	3	收回多余预借款				2	0	0	0	0												1	2	0	0	0	0
3	14	10	提取现金备发工资	3	5	8	0	0	0	0	0										3	5	9	2	0	0	0	0
3	15	11	以现金发放工资										3	5	8	0	0	0	0	0			1	2	0	0	0	0
3	16	12	支付业务招待费													3	0	0	0	0				9	0	0	0	0
3	20	16	支付办公用品费													7	5	0	0	0				1	5	0	0	0
3	22	18	提现备用			2	0	0	0	0	0												2	1	5	0	0	0
3	30	31	盘盈						9	0	0												2	1	5	9	0	0
			本月合计	3	6	0	2	0	9	0	0		3	5	9	0	5	0	0	0								

2.

No. 9-39

银行存款日记账

2020年		凭证号数	摘要	借方金额									核对	贷方金额									余额								
月	月			百	十	万	千	百	十	元	角	分		百	十	万	千	百	十	元	角	分	百	十	万	千	百	十	元	角	分
3	1		期初余额																					6	0	0	0	0	0	0	0
3	3	1	支付锦棉布价税款												2	6	8	4	8	8	0	0		3	3	1	5	1	2	0	0
3	6	4	收回新街口百货欠款		2	3	4	0	0	0	0	0												5	6	5	5	1	2	0	0
3	8	5	销售男茄克价税收入		5	4	2	4	0	0	0	0											1	1	0	7	9	1	2	0	0
3	8	6	付销售运费及增值税														2	1	8	0	0	0	1	1	0	5	7	3	2	0	0
3	12	9	付修理费及增值税														3	3	9	0	0	0	1	1	0	2	3	4	2	0	0
3	14	10	提现备发工资												3	5	8	0	0	0	0	0		7	4	4	3	4	2	0	0
3	17	13	付拉链、纽扣价税款													1	5	5	9	4	0	0		7	2	8	7	4	8	0	0
3	18	14	收到投资款		4	0	0	0	0	0	0	0											1	1	2	8	7	4	8	0	0
3	19	15	付展览费用及税款													4	2	4	0	0	0	0	1	0	8	6	3	4	8	0	0
3	22	18	提现备用														2	0	0	0	0	0	1	0	8	4	3	4	8	0	0
3	28	20	付本月电费及税款													1	6	9	5	0	0	0	1	0	6	7	3	9	8	0	0
3	30	24	缴交税费													6	9	9	2	0	4	0		9	9	7	4	7	7	6	0
3	30	28	存款利息到账					5	0	0	0	0												9	9	7	9	7	7	6	0
			本月合计	1	1	7	6	9	0	0	0	0			7	7	8	9	2	2	4	0									

三、登记明细账

1.（1）

No. 9–40

明细分类账

总账科目：应收账款

明细科目：北京新街口百货有限公司　　　　第　页

2020年		凭证号数	摘要	借方金额								核对号	贷方金额								借或贷	余额							
月	日			十	万	千	百	十	元	角	分		十	万	千	百	十	元	角	分		十	万	千	百	十	元	角	分
3	1		期初余额																		借	2	3	4	0	0	0	0	0
3	6	4	收回前欠款项										2	3	4	0	0	0	0	0	平						0		
3	19	16	应收女茹克价税款	3	3	5	6	1	0	0	0										借	3	3	5	6	1	0	0	0
			本月合计	3	3	5	6	1	0	0	0		2	3	4	0	0	0	0	0									

（2）

No. 9–41

明细分类账

总账科目：应收账款

明细科目：大发集团　　　　第　页

2020年		记账凭证		摘要	借方金额								核对号	贷方金额								借或贷	余额							
月	日	种类	号数		十	万	千	百	十	元	角	分		十	万	千	百	十	元	角	分		十	万	千	百	十	元	角	分
3	9	记	7	应收销售纽扣 款			1	3	5	6	0	0										借			1	3	5	6	0	0
				本月合计			1	3	5	6	0	0										借			1	3	5	6	0	0

2.（1）

No. 9–42

物资明细账　　　　第　页

名称规格：原材料－润滑油　　存放地点：第一仓库　　计量单位：瓶

2020年		凭证号数	摘要	借（收入）方				贷（发出）方				结存			
月	日			数量	单价	金额		数量	单价	金额		数量	单价	金额	
3	1		期初余额									10	48.00	480	00
3	10	8	生产领用					5	48.00	240	00	5	48.00	240	00
			本月合计					5	48.00	240	00	5	48.00	240	00

（2）

No. 9-43

物资明细账 第　　页

名称规格：原材料——拉链　　存放地点：第一仓库　　计量单位：码

2020年		凭证号数	摘要	借（收入）方				贷（发出）方				结存			
月	日			数量	单价	金额		数量	单价	金额		数量	单价	金额	
3	1		期初余额									3 000	0.50	1 500	00
3	17	13	采购入库	15 000	0.50	7 500	00					18 000	0.50	9 000	00
3	28	20	发料					8 000	0.50	4 000	00	10 000	0.50	5 000	00
3	30		本月合计	15 000	0.50	7 500	00	8 000	0.50	4 000	00	10 000	0.50	5 000	00

（3）

No. 9-44

物资明细账 第　　页

名称规格：原材料——锦棉布　　存放地点：第一仓库　　计量单位：米

2020年		凭证号数	摘要	借（收入）方				贷（发出）方				结存			
月	日			数量	单价	金额		数量	单价	金额		数量	单价	金额	
3	4	2	采购入库	24 000	9.90	237 600	00					24 000	9.90	237 600	00
3	24	19	生产领用					15 000	9.90	148 500	00	9 000	9.90	89 100	00
3	30		本月合计	24 000	9.90	237 600	00	15 000	9.90	148 500	00	9 000	9.90	89 100	00

（4）

No. 9-45

物资明细账 第　　页

名称规格：原材料——纽扣　　存放地点：第一仓库　　计量单位：包

2020年		凭证号数	摘要	借（收入）方				贷（发出）方				结存			
月	日			数量	单价	金额		数量	单价	金额		数量	单价	金额	
3	1		期初余额									40	18.00	720	00
3	17	13	采购入库	350	18.00	6 300	00					390	18.00	7 020	00
3	17	24	生产领用					300	18.00	5 400	00	90	18.00	1 620	00
3	30	30	销售成本					50	18.00	900	00	40	18.00	720	00
3	30		本月合计	350	18.00	6 300	00	350	18.00	6 300	00	40	18.00	720	00

（5）

No. 9-46

物资明细账 第 页

名称规格： 库存商品——男式夹克 **存放地点：** 第二仓库 **计量单位：** 件

2020年		凭证	摘要	借（收入）方				贷（发出）方				结存			
月	日	号数		数量	单价	金额		数量	单价	金额		数量	单价	金额	
3	1		期初余额									1 000	50.00	50 000	00
3	30	26	完工入库	5 000	50.00	250 000	00					6 000	50.00	300 000	00
3	30	29	结转销售成本					4 000	50.00	200 000	00	2 000	50.00	100 000	00
3	30		本月合计	5 000	50.00	250 000	00	4 000	50.00	200 000	00	2 000	50.00	100 000	00

（6）

No. 9-47

物资明细账 第 页

名称规格： 库存商品——女式夹克 **存放地点：** 第二仓库 **计量单位：** 件

2020年		凭证	摘要	借（收入）方				贷（发出）方				结存			
月	日	号数		数量	单价	金额		数量	单价	金额		数量	单价	金额	
3	1		期初余额									1 000	48.00	48 000	00
3	30	26	完工入库	3 600	48.00	172 800	00					4 600	48.00	220 800	00
3	30	29	结转销售成本					3 000	48.00	144 000	00	1 600	48.00	76 800	00
3	30		本月合计	3 600	48.00	172 800	00	3 000	48.00	144 000	00	1 600	48.00	76 800	00

3.（1）

No. 9-48

制造费用明细账 第 页

车间（部门）名称：基本生产车间

2020年		凭证	摘要	合计								物料消耗	水电费	折旧费	人工费	办公费
月	日	号数		十	万	千	百	十	元	角	分					
3	10	8	领用润油				1	9	2	0	0	192.00				
3	21	17	办公用品				5	0	0	0	0					500.00
3	28	20	车间用电		1	0	0	0	0	0	0		10000.00			
3	29	21	工资薪酬		5	1	7	5	0	0	0				51750.00	
3	29	22	本月折旧		4	2	5	0	0	0	0			42500.00		
3	30		本月合计	1	0	4	9	4	2	0	0	192.00	10000.00	42500.00	51750.00	500.00
3	30	25	结转	1	0	4	9	4	2	0	0	192.00	10000.00	42500.00	51750.00	500.00

（2）

No. 9-49

2020年		凭证号数	摘要	合计									成本项目					
													直接材料		直接人工		制造费用	
月	日			百	十	万	千	百	十	元	角	分						
3	1		期初余额			4	9	4	5	0	8	0	18 000	00	18 270	00	13 180	80
3	24	19	生产领料			9	5	3	6	7	0	0	95 367	00				
3	29	21	生产工人工资			9	6	0	0	0	0	0			96 000	00		
3	30	25	转入制造费用			6	2	9	6	5	2	0					629 65	20
			费用累计		3	0	3	7	8	3	0	0	113 367	00	114 270	00	76 146	00
3	30	26	完工产品成本		2	5	0	0	0	0	0	0	94 000	00	94 300	00	61 700	00
			月末在产品成本			5	3	7	8	3	0	0	19 367	00	19 970	00	14 446	00

生产成本明细账　第　页

产品名称：男式夹克　生产部门：第一生产车间

注：费用累计上下方各划一条通栏单红线；“完工产品成本”栏，金额用红字。

（3）

No. 9-50

生产成本明细账　第　页

产品名称：女式夹克　生产部门：第一生产车间

2020年		凭证号数	摘要	合计									成本项目					
													直接材料		直接人工		制造费用	
月	日			百	十	万	千	百	十	元	角	分						
3	1		期初余额				4	2	9	0	2	0	1 511	00	1 556	00	1 223	20
3	24	19	生产领料			6	2	5	3	3	0	0	62 533	00				
3	29	21	生产工人工资			6	4	0	0	0	0	0			64 000	00		
3	30	25	转入制造费用			4	1	9	7	6	8	0					41 976	80
			费用累计		1	7	2	8	0	0	0	0	64 044	00	65 556	00	43 200	00
3	30	26	完工产品成本		1	7	2	8	0	0	0	0	64 044	00	65 556	00	43 200	00

（4）

No. 9-51

应交税费—应交增值税　第　页

2020年		凭证号数	摘要	借方金额			贷方金额			借或贷	余额
月	日			合计	进项税额	已交税金	合计	销项税额	进项转出		
3	3	1	锦棉布增值税	308 88	308 88					借	308 88
3	8	5	男夹克增值税				62 400	62 400		贷	31 512
3	8	6	运费的增值税	180	180					贷	31 332
3	9	7	纽扣增值税				156	156		贷	31 488
3	12	9	修理费增值税	390	390					贷	31 098
3	17	13	购料增值税	1794	1794					贷	29 304
3	19	15	展览费增值税	2400	2400					贷	26 904
3	20	16	女夹克增值税				38 610	38 610		贷	65 514
3	28	20	电费增值税	1950	1950					贷	63 564
3	30	24	交纳增值税	63 564		63 564			6356.4	平	0
			本月合计	101 166	37 602	63 564	101 166	101 166		平	0

四、登记总账

1. 答案见各总账账户的“期初余额”栏。

2.

No. 9-52

科目汇总表（2020. 3. 1-2020. 3. 31）

总账科目	借方发生额	贷方发生额	总账科目	借方发生额	贷方发生额
库存现金	360 209.00	359 050.00	主营业务收入	777 000.00	777 000.00
银行存款	1 176 900.00	778 922.40	其他业务收入	1 200.00	1 200.00
在途物资	237 600.00	237 600.00	营业外收入	9.00	9.00
应交税费	107 522.40	162 314.95	主营业务成本	344 000.00	344 000.00
原材料	251 400.00	159 040.00	其他业务成本	900.00	900.00
其他应收款		1000.00	税金及附加	6 356.40	6 356.40
应收账款	336 966.00	234 000.00	销售费用	108 088.00	108 088.00
库存商品	422 800.00	344 000.00	管理费用	97 470.00	97 470.00
累计折旧		69 500.00	财务费用	700.00	700.00
应付利息		1 200.00	所得税费用	54 792.55	54 792.55
应付职工薪酬	358 000.00	338 910.00	实收资本		300 000.00
待处理财产损溢	9.00	9.00	资本公积		100 000.00
制造费用	104 942.00	104 942.00	本年利润	612 306.95	778 209.00
生产成本	422 842.00	422 800.00	合计	5782 013.30	5782 013.30

3.

No. 9-53

总分类账　　　　总第　页

总账科目：库存现金　　　　分第　页

2020年		凭证号数	摘要	借方									核对	贷方									借或贷	余额								
月	日			百	十	万	千	百	十	元	角	分		百	十	万	千	百	十	元	角	分		百	十	万	千	百	十	元	角	分
3	1		期初余额																				借				1	0	0	0	0	0
3	31		根据科目汇总表		3	6	0	2	0	9	0	0			3	5	9	0	5	0	0	0	借				2	1	5	9	0	0

No. 9-54

总分类账　　　　总第　页

总账科目：银行存款　　　　分第　页

2020年		凭证号数	摘要	借方									核对	贷方									借或贷	余额								
月	日			百	十	万	千	百	十	元	角	分		百	十	万	千	百	十	元	角	分		百	十	万	千	百	十	元	角	分
3	1		期初余额																				借		6	0	0	0	0	0	0	0
3	31		根据科目汇总表	1	1	7	6	9	0	0	0	0			7	7	8	9	2	2	4	0	借		9	9	7	9	7	7	6	0

No. 9-55

总分类账

总第　页
分第　页

总账科目：在途物资

2020年		凭证号数	摘要	借方									核对	贷方									借或贷	余额								
月	日			百	十	万	千	百	十	元	角	分		百	十	万	千	百	十	元	角	分		百	十	万	千	百	十	元	角	分
3	31		根据科目汇总表		2	3	7	6	0	0	0	0			2	3	7	6	0	0	0	0	平							0		

No. 9-56

总分类账

总第　页
分第　页

总账科目：原材料

2020年		凭证号数	摘要	借方									核对	贷方									借或贷	余额								
月	日			百	十	万	千	百	十	元	角	分		百	十	万	千	百	十	元	角	分		百	十	万	千	百	十	元	角	分
3	1		期初余额																				借				2	7	0	0	0	0
3	31		根据科目汇总表		2	5	1	4	0	0	0	0			1	5	9	0	4	0	0	0	借			9	5	0	6	0	0	0

No. 9-57

总分类账

总第　页
分第　页

总账科目：库存商品

2020年		凭证号数	摘要	借方									核对	贷方									借或贷	余额								
月	日			百	十	万	千	百	十	元	角	分		百	十	万	千	百	十	元	角	分		百	十	万	千	百	十	元	角	分
3	1		期初余额																				借			9	8	0	0	0	0	0
3	31		根据科目汇总表		4	2	2	8	0	0	0	0			3	4	4	0	0	0	0	0	借		1	7	6	8	0	0	0	0

No. 9-58

总分类账

总第　页
分第　页

总账科目：其他应收款

2020年		凭证号数	摘要	借方									核对	贷方									借或贷	余额								
月	日			百	十	万	千	百	十	元	角	分		百	十	万	千	百	十	元	角	分		百	十	万	千	百	十	元	角	分
3	1		期初余额																				借				1	0	0	0	0	0
3	31		根据科目汇总表														1	0	0	0	0	0	平							0		

No. 9-59

总分类账

总第　页
分第　页

总账科目：应收账款

2020年		凭证号数	摘要	借方									核对	贷方									借或贷	余额								
月	日			百	十	万	千	百	十	元	角	分		百	十	万	千	百	十	元	角	分		百	十	万	千	百	十	元	角	分
3	1		期初余额																				借		2	3	4	0	0	0	0	0
3	31		根据科目汇总表		3	3	6	9	6	6	0	0			2	3	4	0	0	0	0	0	借		3	3	6	9	6	6	0	0

No. 9-60

总分类账

总第　页
分第　页

总账科目：累计折旧

2020年		凭证号数	摘要	借方									核对	贷方									借或贷	余额								
月	日			百	十	万	千	百	十	元	角	分		百	十	万	千	百	十	元	角	分		百	十	万	千	百	十	元	角	分
3	1		期初余额																				贷	3	3	3	6	1	2	0	0	0
3	31		根据科目汇总表													6	9	5	0	0	0	0	贷	3	4	0	5	6	2	0	0	0

No. 9-61

总分类账

总第　页
分第　页

总账科目：短期借款

2020年		凭证号数	摘要	借方									核对	贷方									借或贷	余额								
月	日			百	十	万	千	百	十	元	角	分		百	十	万	千	百	十	元	角	分		百	十	万	千	百	十	元	角	分
3	1		期初余额																				贷		2	0	0	0	0	0	0	0

No. 9-62

总分类账

总第　页
分第　页

总账科目：应交税费

2020年		凭证号数	摘要	借方									核对	贷方									借或贷	余额								
月	日			百	十	万	千	百	十	元	角	分		百	十	万	千	百	十	元	角	分		百	十	万	千	百	十	元	角	分
3	31		根据科目汇总表		1	0	7	5	2	2	4	0			1	6	2	3	1	4	9	5	贷			5	4	7	9	2	5	5

No. 9-63

总分类账

总第　页
分第　页

总账科目：应付利息

2020年		凭证号数	摘要	借方									核对	贷方									借或贷	余额								
月	日			百	十	万	千	百	十	元	角	分		百	十	万	千	百	十	元	角	分		百	十	万	千	百	十	元	角	分
3	1		期初余额																				贷				1	2	0	0	0	0
3	31		根据科目汇总表														1	2	0	0	0	0	贷				2	4	0	0	0	0

No. 9-64

总分类账

总第　页
分第　页

总账科目：应付职工薪报酬

2020年		凭证号数	摘要	借方									核对	贷方									借或贷	余额								
月	日			百	十	万	千	百	十	元	角	分		百	十	万	千	百	十	元	角	分		百	十	万	千	百	十	元	角	分
3	1		期初余额																				贷		3	5	8	0	0	0	0	0
3	31		根据科目汇总表		3	5	8	0	0	0	0	0			3	3	8	9	1	0	0	0	贷		3	3	8	9	1	0	0	0

No. 9-65

总分类账

总第　页
分第　页

总账科目：待处理财产损溢

2020年		凭证号数	摘要	借方									核对	贷方									借或贷	余额								
月	日			百	十	万	千	百	十	元	角	分		百	十	万	千	百	十	元	角	分		百	十	万	千	百	十	元	角	分
3	31		根据科目汇总表							9	0	0								9	0	0	平							0		

No. 9-66

总分类账

总第　页
分第　页

总账科目：制造费用

2020年		凭证号数	摘要	借方									核对	贷方									借或贷	余额								
月	日			百	十	万	千	百	十	元	角	分		百	十	万	千	百	十	元	角	分		百	十	万	千	百	十	元	角	分
3	31		根据科目汇总表		1	0	4	9	4	2	0	0			1	0	4	9	4	2	0	0	平							0		

No. 9-67

总分类账

总第　页
分第　页

总账科目：生产成本

2020年		凭证号数	摘要	借方									核对	贷方									借或贷	余额								
月	日			百	十	万	千	百	十	元	角	分		百	十	万	千	百	十	元	角	分		百	十	万	千	百	十	元	角	分
3	1		期初余额																				借			5	3	7	4	1	0	0
3	31		根据科目汇总表		4	2	2	8	4	2	0	0			4	2	2	8	0	0	0	0	借			5	3	7	8	3	0	0

No. 9-68

总分类账

总第　页
分第　页

总账科目：主营业务收入

2020年		凭证号数	摘要	借方									核对	贷方									借或贷	余额								
月	日			百	十	万	千	百	十	元	角	分		百	十	万	千	百	十	元	角	分		百	十	万	千	百	十	元	角	分
3	31		根据科目汇总表		7	7	7	0	0	0	0	0			7	7	7	0	0	0	0	0	平							0		

No. 9-69

总分类账

总第　页
分第　页

总账科目：其他业务收入

2020年		凭证号数	摘要	借方									核对	贷方									借或贷	余额								
月	日			百	十	万	千	百	十	元	角	分		百	十	万	千	百	十	元	角	分		百	十	万	千	百	十	元	角	分
3	31		根据科目汇总表				1	2	0	0	0	0					1	2	0	0	0	0	平							0		

No. 9-70

总分类账

总第　页
分第　页

总账科目：营业外收入

2020年		凭证号数	摘要	借方									核对	贷方									借或贷	余额								
月	日			百	十	万	千	百	十	元	角	分		百	十	万	千	百	十	元	角	分		百	十	万	千	百	十	元	角	分
3	31		根据科目汇总表							9	0	0								9	0	0	平							0		

No. 9-71

总分类账

总第　页
分第　页

总账科目：主营业务成本

2020年		凭证号数	摘要	借方									核对	贷方									借或贷	余额								
月	日			百	十	万	千	百	十	元	角	分		百	十	万	千	百	十	元	角	分		百	十	万	千	百	十	元	角	分
3	31		根据科目汇总表		3	4	4	0	0	0	0	0			3	4	4	0	0	0	0	0	平							0		

No. 9-72

总分类账

总第　页
分第　页

总账科目：其他业务成本

2020年		凭证号数	摘要	借方									核对	贷方									借或贷	余额								
月	日			百	十	万	千	百	十	元	角	分		百	十	万	千	百	十	元	角	分		百	十	万	千	百	十	元	角	分
3	31		根据科目汇总表					9	0	0	0	0						9	0	0	0	0	平							0		

No. 9-73

总分类账

总第　页
分第　页

总账科目：税金及附加

2020年		凭证号数	摘要	借方									核对	贷方									借或贷	余额								
月	日			百	十	万	千	百	十	元	角	分		百	十	万	千	百	十	元	角	分		百	十	万	千	百	十	元	角	分
3	31		根据科目汇总表				6	3	5	6	4	0					6	3	5	6	4	0	平							0		

No. 9-74

总分类账

总第　页
分第　页

总账科目：销售费用

2020年		凭证号数	摘要	借方									核对	贷方									借或贷	余额								
月	日			百	十	万	千	百	十	元	角	分		百	十	万	千	百	十	元	角	分		百	十	万	千	百	十	元	角	分
3	31		根据科目汇总表		1	0	8	0	8	8	0	0			1	0	8	0	8	8	0	0	平							0		

No. 9-75

总分类账

总第　页
分第　页

总账科目：管理费用

2020年		凭证号数	摘要	借方									核对	贷方									借或贷	余额								
月	日			百	十	万	千	百	十	元	角	分		百	十	万	千	百	十	元	角	分		百	十	万	千	百	十	元	角	分
3	31		根据科目汇总表			9	7	4	7	0	0	0				9	7	4	7	0	0	0	平							0		

No. 9-76

总分类账

总第　页
分第　页

总账科目：财务费用

2020年		凭证号数	摘要	借方									核对	贷方									借或贷	余额								
月	日			百	十	万	千	百	十	元	角	分		百	十	万	千	百	十	元	角	分		百	十	万	千	百	十	元	角	分
3	31		根据科目汇总表					7	0	0	0	0						7	0	0	0	0	平							0		

No. 9-77

总分类账

总第　页
分第　页

总账科目：所得税费用

2020年		凭证号数	摘要	借方									核对	贷方									借或贷	余额								
月	日			百	十	万	千	百	十	元	角	分		百	十	万	千	百	十	元	角	分		百	十	万	千	百	十	元	角	分
3	31		根据科目汇总表			5	4	7	9	2	5	5				5	4	7	9	2	5	5	平							0		

No. 9-78

总分类账

总第　页
分第　页

总账科目：实收资本

2020年月	日	凭证号数	摘要	借方（百十万千百十元角分）	核对	贷方（百十万千百十元角分）	借或贷	余额（百十万千百十元角分）
3	1		期初余额				贷	250000000
3	31		根据科目汇总表			30000000	贷	280000000

No. 9-79

总分类账

总第　页
分第　页

总账科目：资本公积

2020年月	日	凭证号数	摘要	借方（百十万千百十元角分）	核对	贷方（百十万千百十元角分）	借或贷	余额（百十万千百十元角分）
3	31		根据科目汇总表			10000000	贷	10000000

No. 9-80

总分类账

总第　页
分第　页

总账科目：盈余公积

2020年月	日	凭证号数	摘要	借方（百十万千百十元角分）	核对	贷方（百十万千百十元角分）	借或贷	余额（百十万千百十元角分）
3	31		期初余额				贷	120000000

No. 9-81

总分类账

总第　页
分第　页

总账科目：本年利润

2020年月	日	凭证号数	摘要	借方（百十万千百十元角分）	核对	贷方（百十万千百十元角分）	借或贷	余额（百十万千百十元角分）
3	1		期初余额				贷	38184600
3	31		根据科目汇总表	61230695		77820900	贷	54774805

No. 9-82

总分类账

总第　页
分第　页

总账科目：利润分配

2020年月	日	凭证号数	摘要	借方（百十万千百十元角分）	核对	贷方（百十万千百十元角分）	借或贷	余额（百十万千百十元角分）
3	1		期初余额				借	3672500

五、对账

1. 略

2. (1)

No. 9-83

期末余额平衡表

科目名称	借方余额	贷方余额	科目名称	借方余额	贷方余额
库存现金	2 159.00		短期借款		200 000.00
银行存款	997 977.60		应付利息		2 400.00
应交税费		54 792.55	应付职工薪酬		338 910.00
原材料	95 060.00		实收资本		2 800 000.00
库存商品	176 800.00		资本公积		100 000.00
应收账款	336 966.00		盈余公积		1 200 000.00
固定资产	6 950 000.00		本年利润		547 748.05
累计折旧		3 405 620.00	利润分配	36 725.00	
生产成本	53 783.00		合　计	8 649 470.60	8 649 470.60

(2)略。

(3)

No. 9-84

原材料本期发生额及余额明细表

明细账户	计量单位	单价	期初余额		本期发生额				期末余额	
			数量	金额	借方（收入）		贷方（发出）		数量	金额
					数量	金额	数量	金额		
润滑油	瓶	48.00	10	480.00			5	240.00	5	240.00
锦棉布	码	9.90			24 000	237 600.00	15 000	148 500.00	9 000	89 100.00
拉　链	条	0.50	3 000	1 500.00	15 000	7 500.00	8 000	4 000.00	10 000	5 000.00
纽　扣	枚	18.00	40	720.00	350	6 300.00	350	6 300.00	40	720.00
合　计				2 700.00		251 400.00		159 040.00		95 060.00

No. 9-85

库存商品本期发生额及余额明细表

明细账户	计量单位	单价	期初余额		本期发生额				期末余额	
			数量	金额	借方（收入）		贷方（发出）		数量	金额
					数量	金额	数量	金额		
男式茄克	件	50.00	1 000	50 000.00	5 000	250 000.00	4 000	200 000.00	2 000	100 000.00
女式茄克	件	48.00	1 000	48 000.00	3 600	172 800.00	3 000	144 000.00	1 600	76 800.00
合　计				98 000.00		422 800.00		344 000.00		176 800.00

No. 9-86

应收账款本期发生额及余额明细表

明细账户	期初余额	本期发生额		期末余额
		借方	贷方	
北京新街口百货有限公司	23 4000	335 610.00	23 4000	335 610.00
大发集团		1356.00		1356.00
合计	23 4000	336 966.00	23 4000	336 966.00

3.（略）

六、编制财务报表

No. 9-87

利　润　表

编制单位：美芝服饰　　2019 年 11 月　　单位：元

项　　目	本期金额	上期金额
一、营业收入	778 200. 00	
减：营业成本	344 900. 00	
税金及附加	6 356. 40	
销售费用	108 088. 00	
管理费用	97 470. 00	
研发费用	0	
财务费用（收益以“-”号填列）	700. 00	
加：其他收益		
投资收益（损失以“-”号填列）		
其中：对联营企业和合营企业的投资收益		
净敞口套期收益（损失以“-”号填列）		
公允价值变动收益（损失以“-”号填列）		
资产处置收益（损失以“-”号填列）		
二、营业利润	220 685. 60	
加：营业外收入	9	
减：营业外支出		
三、利润总额（亏损以“-”号填列）	220 694. 60	
减：所得税费用	54 792. 55	
四、净利润（净亏损以“-”号填列）	165 902. 052	
五、其他综合收益的税后净额		
六、综合收益总额	165 902. 05	

No. 9-88

资 产 负 债 表

编制单位：美芝服饰　　2019 年 11 月 30 日　　单位：元

资　产	行次	年初数	年末数	负债和所有者权益	行次	年初数	年末数
流动资产：				流动负债：			
货币资金			1000 136. 60	短期借贷			200 000. 00
应收票据				应付票据			
应收账款			336 966. 00	应付账款			
预付账款				预收账款			
其他应收款				应付职工薪酬			338 910. 00
存货			325 643. 00	应交税费			54 792. 55
一年内到期非流动资产				其他应付款			2 400. 00
其他流动资产				一年内到期非流动负债			
流动资产合计			1665 745. 60	其他流动负债			
非流动资产：				流动负债合计			596 102. 55
可供出售金融资产				非流动动负债：			
持有至油气投资				长期借款			
长期应收款				应付债券			
长期股权投资				应付债券			
长期股权投资				长期应付款			
固定资产			3544 380. 00	其他非流动负债			
在建工程				非流动负债合计			
无形资产				负债合计			
开发支出				所有者（或股东）权益：			
商誉				实收资本（或股本）			2800 000. 00
长期待摊费用				资本公积			100 000. 00
其他非流动资产				其他综合收益			
非流动资产合计			3544 380. 00	盈余公积			1200 000. 00
				未分配利润			511 023. 05
				所有者（或股东）权益合计			4611 023. 05
资产总计			5207125. 60	负债和所有者权益总计			5207 125. 60

项目十　会计信息质量要求

【理论题】

一、单项选择题

1. A　2. B　3. B　4. C　5. A　6. D　7. D　8. C　9. D　10. D　11. A　12. C　13. B　14. B　15. A　16. B　17. D　18. A　19. D　20. B

二、多项选择题

1. AB　2. ABCD　3. ABCD　4. ABD　5. AD　6. BC　7. AC　8. AC　9. AC　10. ABD　11. BD　12. ABCD　13. ABC　14. ABD　15. ABC　16. ABCD　17. AB　18. ABD　19. ABCD　20. BCD

三、判断题

1. √　2. ×　3. √　4. √　5. √　6. ×　7. √　8. √　9. ×　10. ×　11. ×

12. ×　13. √　14. √　15. √　16. ×　17. √　18. √　19. √　20. √

【业务题】

No. 10-1

项　目	权责发生制		收付实现制	
	收入	费用	收入	费用
1		2 000		6 000
2				3 600
3	300 000		300 000	
4				
5			180 000	
6		1 200		
合　计	300 000	3 200	480 000	9 600

说明：从银行提取现金与收入或者费用无关。

项目十一　综合测试题答案

第一部分(选择判断题，共 100 分)

一、单项选择题

1. A　2. B　3. C　4. D　5. A　6. B　7. C　8. D　9. A　10. B　11. C　12. D　13. A

14. B　15. C　16. D　17. A　18. B　19. C　20. D　21. A　22. B　23. C　24. D　25. A

二、多项选择题

26. ABCD　27. ABC　28. ACD　29. ABC　30. CD　31. CD　32. ABD　33. BC　34. ABD

35. AC

三、判断题

36. × 37. √ 38. × 39. × 40. × 41. × 42. × 43. × 44. × 45. ×
46. × 47. × 48. × 49. √ 50. × 51. × 52. × 53. √ 54. √ 55. √

第二部分(非选择题，共 150 分)

四、编制会计分录

56.

借：无形资产—商标权	300 000.00	
贷：实收资本—某外商		300 000.00

57.

借：银行存款	450 000.00	
贷：短期借款		450 000.00

58.

借：在途物资—A 材料	10 000.00	
应交税费—应交增值税(进项税额)	11 300.00	
贷：银行存款		11 300.00

59.

借：在途物资—A 材料	300.00	
应交税费—应交增值税(进项税额)	27.00	
贷：库存现金	327.00	

60.

借：原材料—A 材料	10 300.00	
贷：在途物资—A 材料		10 300.00

61.

借：预付账款—预付书报杂志费	12 000.00	
贷：银行存款		12 000.00

62.

借：制造费用—办公费	100.00	
贷：库存现金	300.00	
管理费用—办公费		400.00

63.

借：生产成本—甲	5 000.00	
制造费用—物料消费	1 500.00	
管理费用—物料消费	2 000.00	
贷：原材料—A		2 000.00

64.

借：应付职工薪酬—工资　500 000. 00
　　贷：银行存款　500 000. 00

65.

借：银行存款　904. 00
　　贷：其他业务收入—销售材料收入　800. 00
　　　　应交税费—应交增值税(销项税额)　104. 00

66.

借：营业外支出—捐赠　8 000. 00
　　贷：银行存款　8 000. 00

67.

借：银行存款　100 000. 00
　　贷：应收账款—前进工厂　100 000. 00

68.

借：其他应收款—李华　1 200. 00
　　贷：库存现金　1 200. 00

69.

借：应付账款—顺利工厂　7 000. 00
　　贷：银行存款　7 000. 00

70.

借：银行存款　226 000. 00
　　贷：主营业务收入　200 000. 00
　　　　应交税金—应交增值税(销项税额)　26 000. 00

71.

借：管理费用—差旅费　1 000. 00
　　库存现金　200. 00
　　贷：其他应收款—李华　1 200. 00

72.

借：财务费用—利息　3 000. 00
　　贷：银行存款　3 000. 00

73.

借：管理费用—办公费　1 200. 00
　　贷：银行存款　1 200. 00

74.

借：应交税费—应交增值税(已交税金)　240 000.00
　　贷：银行存款　240 000.00

75.

借：生产成本—甲产品　250 000.00
　　　　制造费用　38 000.00
　　　　管理费用　92 000.00
　　　　销售费用　120 000.00
　　贷：应付职工薪酬—工资　500 000.00

76.

借：制造费用—折旧费　10 000.00
　　管理费用—折旧费　3 000.00
　　销售费用—折旧费　2 000.00
　　贷：累计折旧　15 000.00

77.

借：生产成本—甲产品　54 200.00
　　贷：制造费用　54 200.00

78.

借：库存商品—甲产品　95 800.00
　　贷：生产成本—甲产品　95 800.00

79.

借：主营业务成本—甲产品　120 000.00
　　贷：库存商品—甲产品　120 000.00

80.

借：其他业务成本—已销材料成本　600.00
　　贷：原材料　600.00

81.

借：主营业务收入　300 000.00
　　其他业务收入　19 800.00
　　营业外收入　200.00
　　贷：本年利润　320 000.00

82.

借：本年利润	220 000.00	
贷：主营业务成本		120 000.00
其他业务成本		15 000.00
税金及附加		15 500.00
管理费用		25 500.00
销售费用		34 600.00
财务费用		8 000.00
营业外支出		1 400.00

83.

借：所得税费用	25 000.00	
贷：应交税费—应交所得税		25 000.00

84.

借：本年利润	25 000.00	
贷：所得税费用		25 000.00

85.

借：本年利润	600 000.00	
贷：利润分配—未分配利润		600 000.00

86.

借：利润分配—提取法定公积金	60 000.00	
贷：盈余公积—法定公积金		60 000.00

87.

借：利润分配—应付股利	210 000.00	
贷：应付股利		210 000.00

88.

借：利润分配—未分配利润	270 000.00	
贷：利润分配—提取法定公积金		60 000.00
—应付股利		210 000.00

89.

借：应付股利	210 000.00	
贷：银行存款		210 000.00

90.

借：盈余公积	150 000.00	
贷：实收资本		150 000.00

91.

借：银行存款　　500 000. 00

　贷：短期借款　　500 000. 00

五、编制银行存款余额调节表

表 11-1　银行存款余额调节表

年　月　日　　单位：

项目	金额	项目	金额
银行存款日记账余额	44 800	银行对账单余额	43 000
加：银行已收企业未收	4 000	加：企业已收银行未收	6 800
减：银行已付企业未付	8 000	减：企业已付银行未付	9 000
调节后的余额	40 800	调节后的余额	40 800

六、编制会计报表

表 11-3　资产负债表(简易)

资产及所有者权益	期末余额	年初余额	负债及所有者权益	期末余额	年初余额
流动资产：		略	流动负债：		略
货币资金	130 000		短期借款	90 000	
应收账款	150 000		应付账款	20 000	
应收票据			应付职工薪酬	25 000	
存货	160 000		应交税费	10 000	
其他流动资产			流动负债合计	145 000	
流动资产合计	440 000		长期借款	130 000	
非流动资产：			负债合计	275 000	
长期应收款			所有者权益：		
固定资产	375 000		实收资本	350 000	
无形资产	43 000		资本公积	98 000	
长期待摊费用			盈余公积	100 000	
其他非流动资产			利润分配	35 000	
非流动资产合计	418 000		所有者权益合计	583 000	
资产总计	858 000		权益总计	858 000	